面白くなければ
仕事じゃない

トーヨービバレッジ代表取締役社長
熊谷 聡

CROSSMEDIA PUBLISHING

はじめに

「面白さ」の発見

本書の出版の企画がもち上がった際に、何をテーマにしようかと考えました。

もちろん、私の仕事に対する考え方や実際にやってきたことが内容となるわけですが、いったいその「軸」とは何だったのだろうかと振り返りました。

そこで気がついたのが、人間は社会的動物である、つまり何らかの組織に属し、常に第三者とかかわって生きているという現実です。

そんなことはない、自分はひとりで生きている、とお考えになる方もいらっしゃるかもしれませんが、すべての行為を自身で完結しない限り、人とのかかわりは必ずあります。

では、人とのかかわりにおいて、どうすれば自身をわかっていただき、円滑な関係を築けるのか。そこにつながっていくのだと思います。

人の目を極端に気にする必要はないとも思います。人に流されて意見がコロコロと変わるようでは、人からの信頼は生まれません。あらためて人間関係というものを考えると、自身の生き方や信条を大事にしながら、一方では第三者からも認められる必要が出てきます。

そこで私は、第三者が好意を抱く要素として「面白み」が重要なのでは、という考えに行きつきました。

「面白い」という評価をいただければ、もっと話したい、ということになろうかと思います。そうなれば、より深い人間関係に発達していき、良好な関係を築くようになっていくのではないでしょうか。

こうして第三者から「面白い」という評価をいただくためには、自身が直面するさまざまな事実、たとえば勉強であれ、スポーツであれ、仕事であれ、そこから自身が「面白さ」を発見していくことが大事だと思います。

2006年に創業し、そのように「面白さ」を追求してきた結果、現在当社は社員45人で年商131億円を超える売上を記録しています。

これは、私たちが「面白い」商品を送り届けてお客様を笑顔にしたいという気持ちで業務に取り組んできた結果として到達できたものと考えています。

人間の究極の幸せは富や財力だけでなく、関係する人たちから認められることかと思います。

自身が面白がり、他者からは「面白い」といっていただけるような人生を送っていただきたいと思い、本書を書きました。

2023年8月

トーヨービバレッジ株式会社 代表取締役社長

熊谷 聡

STYLE■第2章

「面白い」仕事を実現させるには

LIFE■第3章
「面白い」を追求する生き方

BUSINESS■第4章

「面白い」を武器にビジネスを成功させる

PERSONALITY■第5章

仕事を面白がれる人になる

出版プロデュース　平田静子（ヒラタワークス株式会社）

第1章

「面白い」仕事はどのようにして生まれるか

WORK

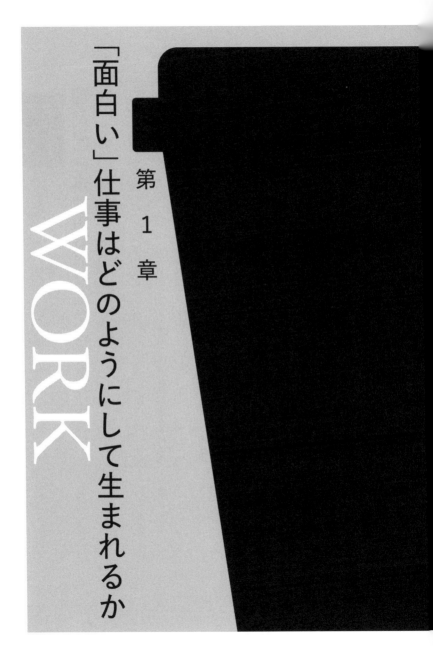

1−1 「面白い」仕事は知識や経験から生まれる

本書のタイトル『面白くなければ仕事じゃない』には、「面白い」仕事をしてお客様に喜んでもらえることで、はじめて自分がかかわった意味が生まれる。つまり、仕事をしたと確信がもてる。そんな意味が込められています。

当社でいえば、お客様に「面白い」と思ってもらえる飲料を生み出すことで、はじめて仕事の意義が生まれるのです。

「よくある商品だよね」「どこかで飲んだことあるな」と思われてしまう商品を当社が目指すことはありません。商品のアイデアを考える際には、その点を特に重視しています。

では、誰かに喜んでもらえる「面白い」仕事とは、いったいどのようにして生まれるのでしょうか。

「面白い」とは抽象的な概念ですし、人によって基準も異なりますから、一概にそれを定義することはできません。

また、私も「面白い」仕事の方程式などをもっているわけではありません。ひたすらにお客様のことを考えてやってきたことが、結果的に「面白い」と評価いただけているだけです。

そこで、この第1章では「面白い」仕事について少しでもご参考になるよう、当社が生み出してきた商品や、その背景にあるエピソードをお伝えしていきます。

「面白い」仕事はどのようにして生まれるか

「面白い」仕事の大前提として、私が考えているのは次のことです。

多くの人々が直感的に「面白い」と思うことは、その人の意識の中で「顕在化されていないこと」なのではないか。

「見たこともない新商品」

「読んだことのないストーリー」

「いままでに会ったことのないような人」

私はこのように、情報として新鮮なものに出合ったときに「面白い」と感じます。

ですから、それまで「他社がやっていないこと」をベースに考えた結果、皆が面白がってくれる商品が生まれました。

世の中にありそうでなかったものに出合ったとき、相手はそれを「面白い」と感じるのではないかと思うのです。

全国各地の喫茶店と個別交渉

現在の会社を創業した当初は、まだ何も実績がない状態のため、私は自分の「強み」を活かした商品をつくろうと考えていました。そこで自身の経歴を振り返ってみて、前職で培ったコーヒーの知識と経験こそが強みであると認識し、その強みを最大限に発揮するよう心がけました。

たとえば、次のようなことがありました。

私が大手コーヒーメーカーに勤めていたころ、消費者の味覚を追求する仕事を通じて、地域によって味の好みに違いがあることを認識していました。

あまり気にしたことがない方も多いかと思いますが、チェーン店ではない、その土地に根をおろした喫茶店で提供されているコーヒーからは、その土地にしかない味わいが楽しめます。

たとえば大阪では、一般的な深煎《ふかい》りの豆よりも、そこからさらに深煎りした豆を使用した強いボディのコーヒーが親しまれています。

そしてまた、地域の味の好みだけでなく、そこにある珈琲専門店ともなれば、仕入れる豆、焙煎の仕方、淹《い》れ方にも、それぞれにこだわりをもっています。

ですから、**そうした銘店のこだわりを味に反映できたなら、普段コンビニでしかコーヒーを買わない消費者にとって目新しく、「面白い」と思ってもらえる商品になるのではないか、**と考えたのです。

これは、私が企業に勤務していた時代に、自社のブレンドのパターンがあまりに多く、生産性が悪いと感じた経験から来た発想です。私はその対処法として、従来その地域で好まれていた味覚を研究し、コーヒー豆の配合・ローストをパターン化することで、生産性に優れた「最良の味覚パターン」を開発した経験があったのです。

そこで私は全国各地の喫茶店に直接出向き、「弊社の商品とコラボしませんか?」と交渉しながら1店舗ずつ承諾を得ていきました。

各地の銘店と呼ばれる喫茶店ですから、交渉相手であるオーナーの方々はいずれも自分のコーヒーの味に絶対の自信をもっています。なのに、他社にその製造を任せようというのですから、説得は一筋縄ではいきません。

実際の問題として、専門店で使っている高級豆を大量に仕入れることはできませんし、チルドカップ商品とはいえ、淹れたてより鮮度が落ちることは否定できません。

こだわりの味を量産化できるはずがない。こちらも先方もそれを理解した上で、いかにお店の味に近づけるか、お店の名前に恥じない商品を生み出すかを丁寧に説明し、お互いが納得するまで何度も試作を重ねて実現していきました。

その専門店が使っている豆の傾向や、淹れ方はサイフォンとドリップのどちらなのかなど、そのお店が大切にしている部分は可能な限り反映して、その味わいに限りなく近づけた商品を開発していきました。

こうして地道な交渉や開発ができたのは、前職での営業時代、ひたすら多くの飲食店を回っていたときの経験とノウハウ、そしてマーケティング担当者時代に蓄積されたコーヒーの知識のおかげと思います。

知識や経験をもとに、誰も見たことのない商品を生み出す

こうして誕生したのが、当社の創業第2弾の商品で、その後も長く愛され続けている「銘店珈琲」シリーズです。

日本にブラジルコーヒーを広めた銀座の名店「カフェーパウリスタ」や、東京オリンピックが開催された昭和39年以来60年近くにわたってこだわりのネルドリップコーヒーを提供している新宿「但馬屋珈琲店」、札幌と東京の2大都市を拠点に20店舗以上を構える「宮越屋珈琲」、オールドビーンズを極めた東京・虎ノ門の「コクテル堂」、京都で3代にわたり京文化を大切にしながらやってきた「前田珈琲」など、コーヒーや喫茶店が好きな方なら一度は名前を聞いたことがある名店の味わいを再現したシリーズです。

但馬屋珈琲店 冷みるくこうひい

結果として、「銘店珈琲」シリーズは複

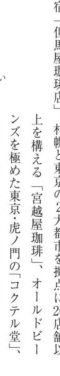

数のコンビニチェーンで展開されて、シリーズのラインナップは40種類以上にのぼりました。そして累計で1億本以上の売り上げを記録し、当社設立以来のロングセラーとして販売を継続中です。

現在も、このシリーズは社長である私自身がお店に出向き、ラインナップに加わっていただくように交渉しています。

ところで、こうした喫茶店とのコラボ商品は過去にも他社から発売されていましたが、なぜ当社のシリーズはロングセラーとして好評をいただいているのでしょうか。

これまでの商品はシリーズとしてではなく、単一商品として発売されているものが大半でした。しかし、たとえ有名な店舗とコラボしても、その1商品を市場に送り出すだけでは、お客様はすぐに飽きてしまいます。

一方、当社ではシリーズ商品として全国各地の銘店とコラボしているため、お客様に銘店のコーヒーを次々に楽しんでいただけます。

シリーズ商品を新たに送り出すたびに、お客様がいままで知らなかった情報との新鮮な出合いがあるのです。

「この地域のコーヒーはどんな味がするんだろう？」

「次はどんな地域の、どんな味の商品が出るんだろう？」

こんなふうに、お客様の期待を集め続けたことによって、人気シリーズに育ったのではないかと思います。

知識や経験をもとに、誰も見たことのない商品を生み出す。これこそが「面白い」仕事だと思うのです。

1－2

他者の視点を取り入れると「面白い」化学反応が起きる

アンケートからは見えてこない消費者の本心

新しい商品を考えるときは、ひとりで「う～ん」と頭をひねっていても、答えはなかなか出てきません。

むしろ、論理的に考え抜いたことで生まれる発想は新鮮さに欠けていたり、考えすぎた結果、当初の思いに反して支離滅裂になっていたりすることがほとんどなのではないかと思います。

自身で考えて答えにたどり着けないとき、私は他者の視点を取り入れてみます。

他者の視点を自らの強みと掛け合わせることで、仕事に「面白い」化学反応が起きるのではないかと考えています。

「銘店珈琲」シリーズがヒットしたことで、私は地域の特性を活かしたさらなる商品をつくりたいと考えていました。

「銘店珈琲」シリーズは、いわばコーヒーの「提供者」目線における地域特性を再現したシリーズです。それならば、反対にコーヒーの「消費者」目線からも地域特性を再現できるのではないかと考えました。

ただ、消費者の声を吸い上げて商品づくりに活かすという試みは、王道のようでありながら、じつはとても難しいことです。なぜなら、消費者の本音を引き出すのは簡単ではないからです。

よくある手法が、グループインタビューやアンケートなどを行って、消費者に直接意見を聞くというものです。しかし、多くの人はそういった場面で優等生的な回答をしてしまいます。その回答から本心を知ることは必ずしもできません。

健康を意識していると答えていながら、ジャンキーな食べ物をつい食べてしまう。それが消費者としての本音ではないでしょうか。その証拠に、かつてはダイエットブームの最中に、ボリューム満点の特大パティをはさみ込んだハンバーガー「クォーターパウンダー」が大ヒットとなりました。

このように人は普段、特に理由など意識せずに直感的に商品を選んでいます。そのため私が、あらたまって地域ごとに「どんな味が好きですか?」などと聞いてみても、そこから出てくる回答に本音が反映されることはなく、「こんな自分でいたい」という優等生的な回答ばかりでした。特にコーヒーの味覚表現は難しく、有効な回答は得られないだろうと考えていたのです。

ときには小売店様の声を聞くことも考えましたが、結局は「提供者」側の意見になるため、そこで得られる回答は調査の域を出ないと思われました。

過去の実績やデータに表れることのない、消費者のリアルな声。私はそれがほしかったのです。

考えに行き詰まったら、他社の視点を取り入れる

そこで目をつけたのが、雑誌です。

雑誌であれば、読者からの投稿を誌面に反映するといった編集手法を古くから実施しているため、世間体を気にしない、バイアスのかかっていない率直な意見の集め方についてはプロと呼べるでしょう。

ですから、雑誌という媒体と組むことにより、**消費者の純粋な視点を取り入れることができるのではないか。私はそう考えました。**そしてさらに、誌面で告知できるのであれば、広告宣伝の効果も生まれるのです。

そこでご当地情報に詳しく、地域の読者ともつながりが強い『Tokyo Walker』を発行する出版社にコラボ企画を提案しにいきました。

先方と話をしているうちに、『Tokyo Walker』と『関西Walker』の読者を巻き込んだ企画がもち上がって、さらには「関東VS関西」で売上を競う一大イベントにまで発展しました。このコラボの提案を通じて、雑誌という、商品開発の心強い味方を得ることができたのです。

KansaiWalker
関西風 かふぇおれ

これこそまさに、私ひとりでは生み出せない他者の視点の賜物といえるでしょう。

先ほど、大阪ではボディの強いコーヒーが親しまれているという話をしましたが、その一方で、東京ではコーヒーを飲みながら仕事をする習慣が根づいているためか、飽きのこないライトな味わいが支持される傾向がありました。

そこで雑誌内では、東西の味の好みの対比をもとに当社が試作品をつくり、読者にも試飲をしてもらい、その意見を反映させてブラッシュアップさせていきました。読者のみならず、当時顧問をしていただいていたバリスタ初代チャンピオンにも参加をお願いして試行錯誤を重ねました。

こうしてでき上がったコーヒーは、味覚もさることながら、パッケージデザインにも地域性が反映された「面白い」ものとなりました。東京はスタイリッシュなデザイン、一方で関西はヒョウ柄のド派手なデザイン、といった具合です。

そうして誕生した商品が、「Walker」シリーズです。

読者を巻き込んだことが功を奏して商品は話題沸騰。最初の「TokyoWalker ToKyo Café Latte（東京カフェラテ）」「KansaiWalker 関西風 かふぇおれ」を筆頭に、その後も「YokoHamaWalker Café de・横濱 BAY SIDE LATTE」「TokaiWalker 喫茶名古屋カフェオレ」「HokkaidoWalker CAFE MOCHA（カフェモカ）」「Kyushu Walker 九州カフェオレ」などと、立て続けにタイアップ商品が生まれたことにより、人気シリーズになりました。

このように雑誌とのコラボで制作サイドや読者という「他者の視点」を取り入れたことにより、予期せぬ化学反応が起きました。そしてその結果、ご当地コラボシリーズという「面白い」仕事が生まれたのです。

いまでも私は、考えに行き詰まったら「他者の視点」を取り入れます。皆様も考えに行き詰まった際には、気晴らしのつもりで友人や親しい方に話を振ってみてください。何かしらのヒントが得られることと思います。

1-3

目的を定めない会議の中で「面白い」企画が生まれる

「面白い」アイデアはラフな会話から生まれる

自分ひとりで頭をひねっていても、「面白い」仕事は生まれないことが多いものです。そんなとき私は、誰かとコミュニケーションを取って話の流れに身を任せてみたりします。何の気なしにしている雑談の中から、「面白い」仕事につながったこともあるのです。

商品の企画は私たちでゼロから考えるケースもありますが、クライアントである小売店様側からオーダーを受けて考えることも多くあります。

特に多いのが、いまや当社の主戦場であるコンビニチェーンからのオーダーです。私は前職からコンビニ業界とおつき合いが深く、当時からコンビニの商品開発に取り組む姿勢はすごいと感じており、よい企画であれば受け入れられる要素が間違いなくあると確信していました。

コンビニの担当者に企画を提案する際、事前に企画書をガチガチにつくり込んでプレゼンするケースはあまりありません。

私の場合、すでにある程度良好な関係が構築できていることもありますが、「企画会議」と銘打っていても、ラフな会話のやり取りであることがほとんどです。

双方ともに具体的な案がなく、あえて目的を定めずに「何か面白いことないですかねぇ」と、雑談しながら手がかりを探しているような状態も少なくありません。

「これから何が流行りますかね」「いま、どんな商品があったら面白いですかね」などという会話の中で、「面白い」テーマが見つかったりすることも多いのです。

ときには、会議の前後に話したことや、お酒の席で出た言葉がヒントになり、商品企画にまとまることなどもあります。

創業から約2年が経ったある日、とあるコンビニチェーン本部の方と雑談する中で、「CA（キャビンアテンダント）さんって、いろんな地域に行っているから、食については詳しそうですよね」という意見が出ました。

JAL CAFE de SKY カフェラテ

そこで、ＣＡさんたちとのコラボレーションという形で商品ができないか、企画を練ることになったのです。

私は前職で、ある航空会社とのコラボ商品に携わっていたため、今回も同社に提案し、無事に受け入れていただきました。実際の企画会議や試飲の会議にもＣＡさんたちに参加してもらい、いろいろと意見を取り入れながら開発したのです。

こうして誕生したのが、２００８年に発売した「JAL CAFE de SKY カフェラテ」でした。

知識や経験が異なる人のアイデアとの相乗効果

このように、何気ない雑談での発言がヒントになって、これまでに見たことのない「面白い」企画が生まれることがあります。

リラックスした場を設定して、会話によって相手の関心事や希望を聞き出してみると、誰も想定していなかったアイデアにたどり着くことも多いのです。

加えて、お客様との雑談である程度合意が得られたうえでの企画提出となれば、その企画の採用や実現の可能性も高まります。

反対に、「これしかない」「この企画を通さないと」と、決め打ちで一方的に企画を売り込んでしまうと、他の選択肢が見えなくなって、実現の可能性を閉ざしてしまう恐れもあります。

事前にアイデアを用意しておくのが悪いというわけではありません。ただ、その案に固執せず、相手の意見やその場で出た何気ない話に耳を傾け、柔軟に考えを変更していくことが大切だと私は考えています。

社内・社外を問わず、複数の人間が顔を合わせる場があるのなら、その場の力を利用してみる。そこを採否しか結論のないプレゼンの場にするのではなく、「ちょっと話してみませんか？」という気楽なコミュニケーションの場にしてみる。「面白い」企画とは、知識や経験などが異なる人のアイデアとの相乗効果で生まれるのです。

1-4

消費者目線で「面白い」試みを実現する

専門家の目線を捨てて、消費者の目線に立つ

「面白い仕事をする」などというと、少しハードルが高いことのように感じられるかもしれません。しかし、いままで見たことのない、まったく新しい何かをつくり出す仕事ばかりというわけではありません。

他の業界では普通にやっているのに、自社の業界ではまだ実現できていないことをやってみたり、すでにある商品の欠点を改良したりするだけでも「面白い」仕事になります。たとえ「世界初」でなくとも、「業界初」であれば、十分に「面白い」ニュースとなるのです。

そういったアイデアのヒントを見つけるため、私は常に「消費者目線で考える」ようにしています。

業界での経験が長くなると、つくり手側の常識や業界の常識にとらわれてしまうことが多くあります。「慣習だから」「いままでこうやってきたから」と、思考が停止してしまうのです。

そして他業界での事例に目が向かなくなったり、仮に向いたとしても「自分たちの業界とは関係ない」「うちの業界では無理だ」と切り捨ててしまいそうになります。

そんなときは、専門家の目線を捨てて、消費者の目線に立って「普通」に考えてみることで、意外な改善点が思い浮かぶことがあります。

「あの業界の商品はこうなっているのに、なぜこの業界では実践しないんだろう?」
「これって、あらためて考えるとムダだよな」
「これ、もっとこうなっていたら便利だよね」

こんなふうに、**つくり手側の「これは、こういうものだ」という固定観念を取り払うと、改善の余地が見えてくるのです。**

当社が2017年に発売した「フルーツサーバー」シリーズも、消費者視点で「普通」に考えたことによって、それまでになかった機能が実現できて、人気商品になりました。

きっかけは、あるコンビニチェーンの重役の娘さんの一言でした。

青山にある、カットフルーツ入り飲料を売るお店を見た娘さんが、「パパの会社でも、あれつくってよ」とお願いされたのです。

そこで、こんなことにチャレンジするのは当社しかないだろう、と先方が判断したことで当社に生産の依頼が来ました。

「普通」を考えることが新たな価値創造につながる

商品化の際のミッションは「ゴロッとしたフルーツのかたまりを入れること」でした。そのためには、ある程度、内容量は多くなければいけません。

そこでこの商品は、300㎖のサイズにしました。

しかし、ここで「一度で飲みきれないときにどうするか」という疑問が出てきました。300㎖というと、一般的な500㎖ペットボトル飲料の半分以上の内容量です。飲みはじめたものの、一度では飲みきれない方も多くいると思われました。

「一度で飲みきれない量の商品は、しまっておいて後で飲みたい」

消費者目線に立てば、このように考えるのは当然でしょう。これまでに実装されていなかったとしても消費者には関係ないことなのです。

そこで私たちは、この商品にはフタにストローを収納して、しまっておける「リクローズ機能」が必要だと考えました。

内容量の多いペットボトル飲料にはフタがついており、一度で飲みきれなくても、フタをして、しまっておいて後から飲むことができます。

これはペットボトル飲料では当たり前のことですが、当時、ストローを刺して飲む商品が多いカップ飲料の業界で「しまっておいて後で飲む」という発想はありませんでした。リクローズ機能が実装されていないため、一度ストローを刺したら飲みきるしかなかったのです。

そこで当社では、この「フルーツサーバー」シリーズの生産にあたって大きな設備投資を行い、リクローズ機能のあるフタを開発しました。

この商品はリクローズ機能のほかにも、「ストローが収納できるから衛生的」「中に

フルーツサーバー　キウイ&レモン

入った大きなフルーツが美味しい」「フルーツが透けて見えるボトルデザインがオシャレ」など多くの点で評価をいただき、おかげさまで約３００円という販売価格にもかかわらず大きな話題となりました。

当社の技術力も高く評価され、開発を依頼いただいたコンビニチェーンからは「他社の製品には実装しないでほしい」とのご要望もいただきました。

結果として「業界初の試み」になった商品ではありますが、はじめから「これまでにない『面白い』商品をつくろう！」と意気込んでいたわけではありません。

消費者目線で「普通」に考えていたら「これまでに実現していないけど、こうしたほうがいいよね？」という発想が生まれて、新たな価値創造につながる「面白い」試みを実現できたのです。

もしも、我々がつくり手側の常識にとらわれて「これまでと同じ内容量や仕様でいいだろう」と考えていたら、生まれることのなかった商品でした。

1-5　「面白い」情報を集めてヒントにする

カップ飲料には存在しなかった「チョコミント味」

先ほど、他の業界では常識でも、自社の業界ではまだ実現できていないことを試みると「面白い」仕事につながることをお伝えしました。

他ジャンルの流行や人気商品が、そのまま新たな商品のアイデアになるケースはたびたびあります。そのために必要になるのは「情報収集」です。

少ない情報をもとに革新的なアイデアを生み出そうと延々と考え続けても、おそらく生まれてくるものは予想を超えるものにはなりません。

そこで当社では、まず自分の感性に照らし合わせて、「面白い」と感じられる情報を手当たりしだいに集めてみます。

するとあるとき、集めた情報が引き金となって、頭の中に「面白い」仕事のタネが生まれることがあるのです。

たとえば、アイスクリームとドリンク類には親和性があるのではないかと考えて、コラボ企画を立ち上げたことがあります。

まずは大手アイスクリームメーカーに提案してみたものの、よい返答が得られませんでした。それならばと、当社は自身で開発する方向に舵を切ったのです。

最初に、アイスクリームで人気の味の情報を集めました。インターネットを通じた調査ではチョコミントが上位になっていることが判明しましたが、意外なことに、当時のカップ飲料には「チョコミント味」がありませんでした。

そこで、さっそくその味を再現したのが、2009年に発売した「チョコミントドリンク」です。

チョコミントドリンク

このように誕生の経緯はとてもシンプルですが、発売開始以降、この商品は安定した人気を獲得し、季節ごとに少しずつ味を変えてリニューアルを行うロングセラー商品になりました。その後には、他のコンビニチェーンからも販売打診があるほどの支持を集めることになったのです。

商品の開発段階で「おいしいアイスクリームの味とはどんな味か」と自分の価値観をもとに考えていただけでは、私にとってそれほど親しみのない「チョコミント」の味にはたどり着けなかったのではないかと思います。

すべての情報を鵜呑《うの》みにはできませんが、ネットの情報など、自分の経験の外にある情報をもとに考えてみることは大切だと思います。

それらの情報がそのまま生かされたり、また自らがもつ情報と化学反応が起きたりして、「面白い」仕事が生まれることは多いのです。

いまはネットでなんでも調べられる、便利な時代です。

その膨大な知識や情報のデータベースは、存分に活用させてもらっています。

1-6 お客様の「面白い」を見失わない

その商品は、私たちのお客様のための商品か？

ここまで読んでいただいておわかりのように、私たちは特別なノウハウやスキルなどもち合わせていません。消費者の気持ちになって、「こんな商品があったらいいな」「これは面白いだろうな」「もっとこうしたら喜んでくれるだろうな」と感じたものを、商品にしているだけです。

データや数字から導かれた仮説ではなく、もっと人間としての感性の部分で、自分たちが感じた「面白さ」を大切にしているのです。

とはいうものの、あくまでもビジネスですから、無視してはいけないと肝に銘じているポイントがあります。

それは**「その商品は、自分たちのお客様のための商品か？」という視点**です。

これを意識するようになったのは、ある苦い経験からです。

それは2022年にノンアルコール飲料に挑戦したときのことです。もともと、いつかは酒類ジャンルに進出したいとは考えていました。しかし、カップ飲料は強度上の問題で炭酸が入れられないため実現の機会はありませんでした。

ただ、缶のお酒を製造しようとは考えませんでした。コンビニの缶の棚の取り合いは激戦区ですから、カップ飲料ジャンルで成功しているからといって、缶を取り扱ってもらえるとは限りません。缶の世界には缶の世界の戦いがあるのです。

その思いを秘めている中で訪れたのが、ノンアルコール飲料ブームです。

お酒の味を再現したノンアルコール飲料だったら、炭酸を入れずにカップ飲料をつくることができます。そこで、さっそく当社でも開発に乗り出しました。

こうして開発した「ノンアルコールカクテルドリンク」をコンビニチェーンに提案したところ、ソフトドリンクジャンルの担当者に気に入っていただけて、大きな展開でスタートすることができました。

しかし、結果は芳しくありませんでした。

それもそのはずです。カップ飲料コーナーに訪れるお客様、つまりこれまで私たちの商品をご愛顧くださったお客様たちはコーヒーや甘味を求めているのであって、お酒の味は求めていなかったのです。

お酒の味を提供したいのなら、やはり、アルコールのコーナーに置いてもらう必要がありました。けれども缶と同様にアルコールのコーナーも激戦で、当社が新規参入できる余地はありません。

後悔先に立たずで、結局「ノンアルコールカクテルドリンク」シリーズは不調のまま終わってしまいました。

当社のノンアルコール飲料は、カップ飲料業界では初の試みであり、これまでにない商品を生み出した「面白い」仕事でした。

ノンアルコールカクテルドリンク
ソルティドッグテイスト

けれども、それは「私たちのお客様」が求めている商品ではありませんでした。

自分たちが「面白い」と心から思えることは重要でも、その仕事でお客様が喜んでくれなくては意味がないのです。

「その商品は、私たちのお客様のための商品か？」

この教訓を肝に銘じさせられたよい経験でした。

1−7 「面白い」コラボに熱意をもって全力でのぞむ

コラボ商品の実現には多くの苦労が伴う

当社商品のひとつの特徴として「コラボ商品」があげられます。

ここまでに紹介してきたような「銘店」や「雑誌」「職種」といったコラボレーションはいわば珍しい例で、最も多いのはキャラクターやエンターテインメント作品とのコラボ商品です（キャラクター系のコラボは当社主導のケースもありますが、小売業主導のケースもあります）。

２００８年６月に発売した「花より男子Ｆ　花よりビターチョコレート」を皮切りに、当社では数多くのコラボ商品を開発してきました。

一部を紹介すると、次のような商品です。

「スヌーピーカフェオレ　～アイスクリーム入り～」２００９年６月発売
「るーみっくわーるど カフェオレ」２００９年７月発売
「うる星やつら カフェオレ」２００９年11月発売
「藤子・F・不二雄カフェオレ」２０１０年６月発売
「ゴルゴ13 男の Hard Black【ブラックコーヒー】」２０１０年７月発売
「ドラえもんの Blue Float」２０１６年２月発売
「ドラゴンボール とびきりZドリンク」２０１６年８月発売
「ヒロアカ ヒーローマカダミアラテ」２０１９年12月発売
「鬼滅の刃 ミルクココア」２０２１年２月発売
「呪術廻戦 ダークストロベリーモカ」２０２１年３月発売
「ジョジョの奇妙な冒険 ストーンオーシャン ロイヤルミルクティー」２０２２年１月発売
「すずめの戸締まり すずメルティーラテ」２０２２年11月発売

コラボ商品と聞くと、もしかしたら「手軽に話題になる、開発が容易な商品」と思

われるかもしれません。けれども実際は簡単なものでなく、実現する際に苦労の多い商品です。

キャラクターとのコラボ商品には、いくつものルールが存在します。キャラクターのイラストを規定通りに使用することは当然ですが、「このキャラは、そんな動きやポーズはしない」など、イメージにかかわる部分についても厳しいチェックを受けます。キャラクターには長年かけて築き上げたブランド力が備わっていますから、企業がそれを守ろうとするのは当然のことなのです。

担当者の熱意がプロジェクトを成功に導いた

ですから、生半可な気持ちではコラボを提案できません。「どうしてもお願いしたい」という熱意が伝わらなければ、提案は通ることがないのです。

熱意の重要性を思い知ったのが、２００９年の「ハローキティ カフェオレ」から始まったキティちゃんコラボ企画です。

いまではキティちゃんは数多くの商品やサービスとのコラボを行っていますが、当社がキティちゃんのライセンスを有する企業様にコラボ企画をもちかけた当時、それ

ハローキティ カフェオレ

は同社としては数十年ぶりの新規契約だったそうです。

当然、デザインだけでなく、味に関するルールやチェックもかなり多かったと記憶しています。

この商品のデザインディレクションは、当社に在籍していた大のキティちゃんファンのマーケティング担当者の女性が実行しました。

「キティちゃんファンなら、どんな商品がほしいか」

彼女は完全にファン目線になってデザインをつくり上げました。

その熱意はサンリオ側にも伝わり、彼女がデザインしたパッケージは、その企業で「ハローキティ」のデザインを１９８０年から手がけているデザイナーの山口裕子さんに絶賛されたほどでした。

担当した彼女の熱意が、このプロジェクトを成功に導いたと感じています。

ですから私は「コラボしたら面白そう」などと、安易な理由でコラボを提案してはいけないと考えています。

企業が長年の心血を注いで育ててきたキャラクターや作品の力を借りるわけですから、こちらにもその想いに恥じない熱意が必要です。

そしてこちらが心から「面白い」と思ったコラボであれば、先方も必ず乗り気になってくれて、自分たちが思ってもみなかったパフォーマンスが発揮できると信じています。

安易に他人の功績やブランドに頼らない。私はそれを心に誓っています。

1-8 「面白い」戦略に取り組む人と協力する

独自のマーケティング戦略に取り組む「パインアメ」

誰かとチームになって「面白い」仕事を実現するとき、重要なことは何でしょうか。私はそれを「どんな人とやるか」だと思っています。その仕事に対して積極的になってくれないことには、物事が進まないのです。

コラボ商品が多い当社では、それを実感しています。

現在当社は、年間を通じて多数の企業にコラボ商品の提案を打診しています。断られることや門前払いはよくあることですが、基本的に先方の担当者と会えるところまでいけば、ほぼ確実に話はまとまります。

先方が興味をもって、当社の戦略に共感してくれさえすればうまくいくのです。

２０１４年当時、当社は飲料で再現できる味の領域を広げようと考えていました。アイスなどの人気商品の味を再現したいという企業のオーダーを受けたり、こちらからも積極的に新しい味のコラボを提案したりして、いくつもの商品企画を実現させていました。

提案した当初は、どの企業の担当者も「飲料で、この味を本当に再現できるのか？」と半信半疑でしたが、経験を積んだ当社としては、アイスなど液体がベースのものの味の再現は朝飯前でした。

飲料と親和性のあるお菓子やデザートとのコラボをさらに増やしたいと、新たに検討したのがキャンディ、いわゆる「飴」です。

キャンディ業界は大手メーカーの寡占化が進んでいるため、まずは大手メーカーにコラボの打診をしましたがＯＫは出ませんでした。

そんなとき、駄菓子に近い感覚で認知度の高いメーカーとして思い当たったのが、「パインアメ」です。「パインアメ」は１９５１年に創業したパイン株式会社の主力商品で、長年多くの人に愛されてきたロングセラー商品です。

パインアメドリンク

当時、「パインアメ」はその伝統を大事にしながらも、パン、アイス、ゼリー、ラムネなど多くのコラボ商品を発売するなど、独自のマーケティング戦略が話題になっていました。

そこで弊社から、飲料におけるコラボを提案したところ、先方は「この商品もぜひ話題にしましょう！」と、大いに乗ってくれたのです。

そうして検討を重ねて誕生したのが「パインアメドリンク」です。

もしも先方が、「よくわからないから、勝手にやってください」「名前だけ貸しますので好きにやってもらってけっこうです」といった消極的な姿勢であれば、コラボ商品はうまくいきません。

お互いに熱意をもって、「こうしたらどうだろう」「こういう方法も考えられます」と知識や知見を惜しげもなく出し合うことで、「1＋1」が3にも4にもなっていき

ます。

この化学反応によって、お客様が喜んでくれる「面白い」仕事が生まれるのです。

「面白い」仕事は自分の熱意だけでは実現できません。同じように熱意や情熱をもった人と出会い、互いに協力することで実現できることです。

ただ、相手の熱意を呼び起こすのは、やはりこちら側の熱意だったりもします。すなわち、自分の側に熱意が欠かせないことは、変わらないのです。

1-9

「面白い」だけでなくお客様が納得できるものを目指す

ダジャレで商品開発をスタートした「貞子ーヒー…」

当社の商品の中には、話題性を重視し、店頭で見かけたときに「なんだこれは⁉」と思わず食いついてしまうヒキのつよい商品も存在します。

しかしそういった商品の場合でも、「ウケ狙い」だけに走って味をないがしろにしてはいけないと考えています。

一般的にコラボ飲料の多くは、パッケージにキャラクターのイラストが印刷されているだけで、味との関連性は薄くなりがちです。

けれども、「なぜ、その味になったのか」に納得できないと、消費者は「ただイラストを印刷しただけの商品に、お金は払いたくない」と考えてしまうでしょう。つまり、「面白くはない」と感じ、心のシャッターを閉じてしまうのです。

ですから、単に話題になればいいというわけではなく、消費者に納得してもらえる味にすることは、飲料メーカーがもつべき当然の姿勢であると思います。

2013年のこと、ホラー映画「リング」の新作映画の公開に合わせて「何か面白いコラボができないかな？」と、コンビニチェーンの担当者からご要望をいただいたことがあります。

味やデザインなども含めて、当社に一任いただいた企画でした。

ヒロインである貞子の写真やイラストを使うことで、インパクトのある商品になることは目に見えていましたが、それだけでは面白くありません。飲料メーカーとして消費者が納得する味に仕上げたいと考えました。

とはいえ、「貞子」と関連した味なんて考えようがありません。

そこで考えたのが、「貞子→サダコ→サダコーヒー」という言葉あそび、要するにダジャレです。

ということで、味はストレートにコーヒー味に決定しました。ただのコーヒー味でも、「貞子」とのダジャレに気づいてもらえれば、お客様には納得していただけると

貞子ーヒー…

考えたのです。

　そこで、その意図がお客様にも伝わるように、商品名も「貞子ーヒー…（さだこーひー）」にしたのです。たとえダジャレだとしても、その意図が伝わることで、「だからコーヒー味なのね」と、納得感をもっていただけます。

　単に名前やビジュアルを冠しただけの商品ではなく、味もきちんとしていることが伝われば、最初は話題性のために購入したお客様もリピーターになってくれる可能性が格段に高まります。

ファンに楽しんでもらえる商品づくり

　ほかにも、雑誌「ＶｉＶｉ」の専属モデルとのコラボ商品をつくったことがあります。モデルの皆さんには熱狂的なファンが多くいるため、「手抜きで適当に考えられた味だ」などと思われてしまえば、当社にとっても、そしてモデルさんの側にとっても損にしかなりません。

そこで、モデルさん本人の味の好みを徹底的にリサーチしつつ、商品の味を検討していきました。内容はミルクティーに決まり、モデルさん本人も試飲をしてくれるなど、商品開発に積極的に協力してくれました。

さらにはデザイン面でも、先方のデザイナーを使用する予定のところ、当社のマーケティングスタッフが提案したデザインをモデルさん自身が気に入ってくれたため、デザインも当社で行いました。

そうした協力体制によって、この商品はファンから見ても「確かにあの子、ミルクティーが好きだよね」と納得できるものになりました。

キャラクターとコラボする際も、その漫画やアニメと少しでも接点をもった味わいにするため、味覚のヒントを徹底的に調べます。

漫画『ゴルゴ13』とのコラボ商品をつくったときは、主人公であるデューク東郷の好みの味になるように寄せていきました。

『ゴルゴ13』を読んだことがある方ならわかるかと思いますが、デューク東郷といえば、いっさいの甘さがない〝いぶし銀〟のかっこよさです。

そこで、コラボ商品は「ゴルゴ13 男の Hard Black【ブラックコーヒー】」にしました。最近お亡くなりになった、作者のさいとう・たかを先生にも満足いただける商品になったことは忘れられない思い出です。

コラボ商品だからこそ、単に一過性の商品で終わってしまってはもったいない。ただ名前やブランドを借りて儲けようとする姿勢ではいけない。

それなら、私たちでなく他の企業でもやれることだ。

ファンが喜び、楽しんでもらえる商品づくりをしなければ、私たちが開発する意味がない。

そんな思いを胸に、当社ではコラボ商品を開発しています。

コラボ商品だからこそ、「なぜこの味にするのか?」を大切に考える。そして「なるほどね」と、商品を手に取ったお客様が納得できる味を心がけているのです。

ここまで、「面白い」と評価いただけた私たちの仕事を紹介してきました。

ご覧いただいてわかるように、その多くは、それまでの経験であったり、誰かの言葉であったり、既存の商品や情報、キャラクターであったり、そういったものとの化学反応によって生まれています。

私は特別なスキルや経験があるわけでも、天才的なクリエイティブな才能があるわけでもありません。ひたすら多くの人たちと話し、声に耳を傾け、そして自分が感じた「これ、面白いかも」という気持ちを大事にすることで、商品を開発してきました。

自分の感覚を大切にして、地道にやってきただけなのです。

そしてそれは、私のような普通の人も含めて、誰もが必ずできることだと信じています。

第2章

「面白い」仕事を実現させるには

STYLE

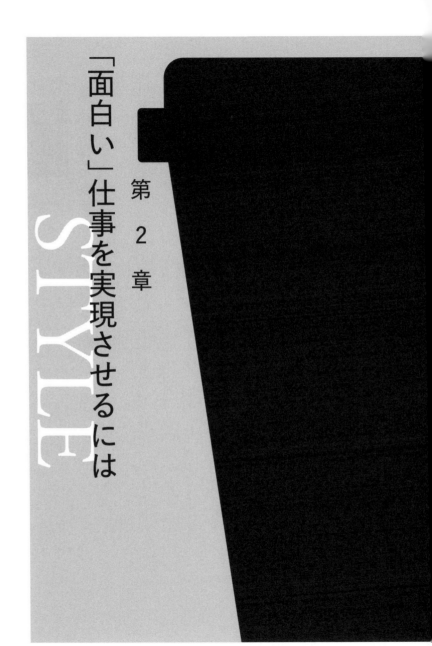

2-1 常識に縛られず、まずやってみる

第1章では、これまでに「面白い」と評価いただいた当社の仕事の一部をご紹介しながら、「面白い」仕事がどのように生まれるかをお伝えしました。

「面白い」仕事とは、これまでに実現されていないから「面白い」と感じるものです。そして、これまでに実現できていないものには、必ず理由があります。

コストの問題、設備の問題、人手の問題、人材の問題……、アイデアが浮かんだはよいものの、さまざまな問題が立ちはだかったために実現できないのです。

ですから「面白い」仕事には、これらの問題を解決し、実現させるための「実行力」が必要だと考えています。

これまでの当社の商品の中でも、「面白そうだけど、どうやって実現すればいいんだろう?」と頭を抱えたものはありました。

しかし、**アイデアをアイデアのまま放っておいても価値はありません。実現させて、**

多くのお客様に喜んでいただくことで、はじめて社会に価値をもたらすのです。

この第2章では、当社の商品の中でも、特に実現が難しかった商品のエピソードをお伝えしていきます。

創業間もない時期に舞い込んできたチャンス

最初にご紹介するのは、2006年の創業間もない時期に、当社が最初に手がけた商品です。

詳しくは第3章でお伝えしますが、私は独立前に勤めていた会社で、ある商品企画がうまくいったことによって、いくつかのコンビニチェーンと良好な関係を構築できていました。そのため創業間もない当社に対して、それらのコンビニチェーンが商品企画を依頼してくれたのです。独立した当初はこのつながりだけが命綱でしたから、当時の担当者の皆様には、いまでも本当に感謝しています。

そうした依頼の中に、「美味しいチョコレートドリンクがつくりたい」というご要望がありました。さっそく試作品を開発し、ほぼスペックが完成したのですが、そのときに急きょ、あるテレビ番組とのタイアップが決まったのです。

その番組とは、「朝ズバッ！」という、TBS系列で2005年から2014年まで生放送されていた平日の朝オンエアの情報・報道番組です。

司会のみのもんたさんが社会の出来事に対して、視聴者目線でまさに「ズバッ」と直言するスタイルが人気を博していました。

この番組とのコラボ企画として、当時試作中のチョコレートドリンクを振り替えたいという要望を受けたのです。

人気番組ですから、当社としてもチャンスととらえました。

「2週間以内にデザイン・コンセプトや味覚を決めて社内会議に提出したい」とのことで、発売までに時間的な猶予はありません。さっそく私は旧知のデザイナーにデザインを発注し、急ピッチで開発を進めました。

難しいといわれた「とろみ」に挑戦

では、チョコレートと「朝ズバッ！」をどう関連づければよいか。そこで着目したのが「ポリフェノール」でした。

当時、「朝ズバッ!」は大人気の健康情報番組でもあり、その番組で紹介された「ポリフェノールの効果」がちまたで話題になりかけていました。そこで、チョコレートの成分としてポリフェノールの含有量を増やし、その効果を訴えるというコンセプトでクライアントに企画を提出したわけです。

その結果、無事に企画は採用されて、デザインなどの制作も順調に進んでいきましたが、ここである問題が浮上しました。

それは「とろみ」のある食感をどうやって実現するか、という問題です。

この商品は本格的なチョコ飲料を目指していたため、当初のコンビニの担当者も私も、食感にも「とろみ」をつけたいと考えたのです。

しかしながら、飲料業界では以前から、飲料で「とろみ」を実現することは大変難しいといわれていました。そして機械に飲料が残留して焦げつくリスクがあるため、どのメーカーもやりたがらなかったのです。

受注の際に、味よりもまず生産性やリスクに注目することは、メーカーとして当然のことでしょう。

朝ズバッ！ココア

しかし、たとえ急ぎのコラボ企画であっても味には「納得感」をもたせたい。この想いは第1章でお伝えした通りです。

そのとき私はどうしたか。まず、やってみたのです。

すると周囲の不安や懸念をよそに、問題なく生産することができました。機械に焦げつくリスクがあるから無理などといっていたメーカーも、ただ心配するだけで実際にチャレンジしてはいなかったのです。

こうして、当社の第一弾商品「朝ズバッ！ココア」は無事に完成しました。

小売店様側でもPRに力を入れてくださり、この商品はわずか3日で品切れになってしまいました。当社の生産も追いつかなくなり、コンビニ側でも緊急のオペレーションを組むほどの人気ぶりでした。

ちなみに、当社が開発したこの商品をきっかけに、以降、業界では「とろみ」のついた商品が増えていったのです。

通説では「難しい」といわれているようなことでも、やってみたら意外とできた。創業1点目のこの商品は、私に「まずは、やってみることが大事だ」ということを教えてくれた大切な商品になりました。

2-2

シンプルに考える

「スライスしたレモン」を手作業で商品に入れる

「面白い」アイデアを思いついたものの、実現させることは難しい。

そう感じたときには、私は頭をひねって深く考え込むのでなく、逆にシンプルに考えてみます。すると、解決の道が見えてくることもあるのです。

こうして「シンプルに考える」ことによって実現できた商品があります。

きっかけは、あるコンビニチェーンとの商談の中で、当時大ヒットしていた「世界のKitchenから」シリーズを凌駕《りょうが》するような商品をつくりたいというお話をいただいたことでした。

「世界のKitchenから」シリーズは、世界中の家庭を取材する中で出合った「素材」「調理法」「かけあわせ」などをヒントに開発された商品で、おもにペットボトルや缶に入れて販売されていたブランドです。

「打倒、世界の Kitchen から」を掲げた私たちは、ペットボトルや缶の製造環境では絶対にできない商品を目指しました。

そこで考えたのが、固形のフルーツが入った商品です。素材として目をつけたのは「スライスしたレモン」でした。

というのも、コーヒーメーカーの社員時代、私は営業としていくつもの飲食店を担当し、そのお店のメニュー開発にもかかわったりしていました（その経緯は第3章でお伝えします）。そのころの経験で、喫茶店の人気メニューにはスライスしたレモンが入っているものが多いと感じていたのです。

スライスレモンは洋菓子などでもよく見かけるため、原料を多く卸している国や企業があるはずだと考えて仕入先を探しました。その結果、南アフリカ産のレモンを扱っている輸入業者があるという情報を得て、無事に原料を入手できました。

しかし、大変なのはここからでした。スライスしたレモンは一つひとつ形が異なる

UchiCafé リモナータ

ため、機械によって投入することができません。固形のフルーツ入り飲料が実現されていないことの裏には、こうした物理的な理由があったのです。

いろいろと頭をひねりましたが、結局うまい方法は見つかりません。

多くの場合、「悔しいけれど、この企画は白紙にして他のアイデアを考えよう」となるのかもしれませんが、私は違いました。「それだったら手作業でやろう」と考えたのです。

機械でできないのなら、人間がやればいい。そうシンプルに考えて、ひとつずつ、手作業で商品にスライスしたレモンを入れていきました。

こうして誕生したのが、２０１２年に発売した「UchiCafé リモナータ」です。

面倒な作業の中に多くの学びがある

シンプルな方法ではありますが、これにはこれで苦労が伴いました。

手作業には多くの人員が求められますから、機械作業のために用意していた人員に追加しての確保が必要になりました。

そして、良品・不良品の違いも人の目でこまやかに判断しなくてはなりません。はじめは社外の工場に作業を外注していたため、良品の基準を決めたり、微妙な差の感覚を共有したりする作業も簡単なものではありませんでした。

ほかにも、品質の安定性を実現しようとレモンのスライスを国内加工に切り替えたため、加工地である長野から愛知の工場まで、トラックのピストン輸送でレモンを届けていました。

こうして製造の仕組みを整えたり、人員を確保したりすることに、正直かなりの労力がかかりました。けれどもお客様に「面白い」商品を届けるためだと思えば、その作業も苦にはなりません。それに、こうした面倒な作業を通じて、他社が真似できない当社独自の商品がつくれたのですから。

外注先の工場にお願いし、独自の基準を設定して生産した経験は品質管理基準についての学びになりましたし、カップ飲料に不定形のものを入れた経験も、のちの「おでん」や「牛すじ」といった食品シリーズにつながる学びになりました。

商品開発の際に「効率的にやろう」「うまく仕上げよう」と考えて企画をスタートするのは、ある意味当然のことでしょう。しかし今回、壁に突き当たって、効率性やコストなどをいったん度外視し、「本当に手段はひとつもないのか?」と考えたことで打開策が見つかりました。それは「手作業」という方法でした。

こんなふうにビジネスの現場では、打開策がないわけではないけれど、面倒だったり、リスクがあったりで、あきらめてしまう場面にたびたび出合います。

けれども私は、どれだけ面倒で大変なことでも、お客様が楽しんでくれるなら挑戦します。お客様の喜びこそが私たちのいちばんの楽しみであり、お客様の願いを実現するのが製造業の仕事と考えているからです。

たとえ非効率的で、コストや労力がかかることであっても、シンプルに方法を考えて実行していく。それだけです。

2−3 できることから小さくはじめる

完成形は見えているのに、実現の方法がわからないとき

本章でここまでに紹介した2つのエピソードは、どちらも「やるべき方法が見えていた」事例でした。

「朝ズバッ！ココア」は、皆は無理と言っていたけれど、打開する方法はわかっていたので、試しにやってみたらうまくいきました。

「リモナータ」は、機械ではできないけれど、「容器にレモンを入れる」という手順自体は最初から見えていました。

しかしときには、どうやって実現すればいいかわからないこともあります。

目指したい完成形は見えているのに、実現の方法がわからない。

それは、製造や企画に携わる方なら共感できる悩みだと思います。

実現の道が見えないときには、裏技のような方法でなく、ただ、できることをひたすら試していく以外に打開する方法はありません。

現在開発中である、カップに「焼きそば」を入れた商品も開発では難航しました。

この「焼きそば」の開発の背景には、私のひとつの懸念がありました。

当社では長年カップ飲料の商品を開発してきましたが、食事の別添えである「飲み物」を扱っているだけでは、今後に会社を大きく飛躍させることは難しいのではないか。私はそう考えていたのです。

いつかは当社も「主食」にチャレンジしなくてはならない。そう考えるようになっていました。そこで最初に着手しようと考えたのが「焼きそば」です。

焼きそばをやろうと思った理由も、「おでん」と同じ発想からきています。

嫌いな人がいませんし、いろんなシチュエーションで食されます。

いわゆる「国民食」という位置づけのメニューです。

ひと口に焼きそばといっても、市場は乾麺、生麺、冷凍麺、日配品の麺と、さまざまな加工法で製造された商品があふれています。

そこで、開発のヒントを求めて、それぞれのメリット・デメリットをまとめてみました。

・乾麺：準備するのはお湯だけだが、数分間待たなければならないし、お湯を捨てる場所としてシンクが必要
・生麺：パックされた完全調理品で美味しさは他の加工品と比較にならないが、食べる際に調理に手間がかかる
・冷凍麺：美味しさは優れているが、冷凍でしか保存できない
・日配品の麺：手軽だが、レンジ加熱により風味は劣化

こうして考えた当社の開発方針は次のようなものでした。

・当社開発品：レンジ対応食品。麺の食感は生麺クラス、レンジ加熱時間は60秒、保存は常温可能

こうして試作品をもとにお客様にプレゼンテーションを行ったところ、こちらの予想とは逆に、厳しい言葉をいただきました。

「レンジ加熱で食べられること以外に価値がないのでは？　風味もいまひとつ」

お客様のご指摘の通り、私は確かに自分のアイデアにおぼれ、既存品のデメリットばかりに注目していたことに気づきました。

ここで私は目が覚めました。既存品を手軽にベンチマークに据えるのではなく、コツコツと商品のコンセプトを考え続けることが必要なのだと。

壁に突き当たったら、大きな穴ではなく小さな穴を開け続ける

もともと企業様とのコラボ企画で開発するスタイルを築いてきた当社ですから、市場の研究は得意にしています。いま一度、外食市場で「焼きそば」というメニューが人気を集めている秘密について研究し直しました。

その結果、麺にはもちもち食感の太麺を開発し、さらにはソースも関西で著名な「どろソース」を使用して人気店のメニューを再現できたのです。

そして現在、材料の調達先などのすべてを見直し、市場価格に見合う設計をしなが

ら開発を続けている最中です（2023年6月現在）。

どれだけ頭で考えても、目的を実現するための答えが見つからない。ビジネスではたびたび、そんな状況に直面するものです。

そうして壁に突き当たったときは、大きな穴を開けることを考えるより、小さな穴を開け続けることが大切です。

私だったら、自分からできること、現段階の設備でできること、すぐにできること、そんなことから小さくはじめてみます。

何事もやってみないことには、できるかどうかはわからないのです。

2-4 ネットの力を利用する

爆発させず、たまごをレンジで加熱する方法とは

「面白い」アイデアが浮かんだものの実現する方法がわからない、とりあえず試してみようにもヒントが見つからない、ということもあるでしょう。

そんなときに役立つのは、やはりネットの力です。

第1章でもお伝えしましたが、世界の人々の卓越した知恵に手軽にアクセスでき、あらゆる情報が瞬時に手に入るネットの力を、私は存分に活用しています。

考えても答えが見つからないとき、私はまずネットの力を借りてみます。すると、何時間かけて考えても出なかったヒントが、一瞬にして得られることもあります。

2020年に食品製造に進出した際にも、ネットには大いに助けられました。

きっかけは、自社工場を冬季に稼働させるため、製造に都合よい商品を考えていたときのことでした。

先ほど紹介した「リモナータ」でスライスレモンを人の手で充填《じゅうてん》できたのだから、「他の固形物でもできるのでは？」と思い、飲料以外のアイデアを考えてみることにしました。

そこで、多くの人が嫌いでなく、カップに入って違和感のないものは何かと考えているうち、コンビニの店頭で売られていた「おでん」に行きつきました。

三ツ星カップ食堂　おでん

当時、オペレーション、衛生面、フードロス等の問題で、店頭でのおでん販売を休止するコンビニも出はじめていました。その点、密封されたカップであれば、お客様にも安心して食べていただけると思いました。

そこで、当社初のカップ食品として、「おでん」の開発を決めたのです。

しかし、思わぬ壁が立ちはだかりました。それは「たまご」です。

おでんの人気具材ランキングで、「たまご」は常に上位に入っています。

しかし、カップ商品の特性上、温かい状態で食べてもらうには、どうしても電子レンジでチンしてもらわなくてはなりません。

皆さんもご存じのように、たまごはレンジで加熱すると爆発するリスクがあります。

さて、どうしようかと、私は悩みました。

「さすがに、たまごを入れるのはやめようか……」と思いつつも、周りの知人たちからも「たまごのないおでんに魅力はない」と言われる始末。そして何を隠そう、私もおでんの「たまご」が大好きなのです。

行き詰まったらまず、ネットの力を借りる

何かよい方法はないかと悩みに悩んだ挙句、破れかぶれでネット「玉子　レンジ爆発しない」と検索してみたところ、解決策が見つかりました。たまごに串を刺して加熱すれば、そこから黄身の熱が逃げるために爆発しないというのです。

さっそく家で試してみたところ、10回、20回とテストしても爆発しません。

「よし、これならいける！」と、私は確信をもちました。

この方法が成功し、手作業でたまごにひとつずつ串を刺して生産することで、無事に商品は完成しました。

やがて、菌が混入するリスクや効率性の悪さを考慮し、作業を機械化しました。テレビで見た焼き鳥の自動串挿機にヒントを得て、そのメーカーを訪ねてオリジナルの自動串挿機を開発してもらったのです。

私はここでも、ネットの力は偉大だと感じました。

いくら考えても答えが出ないときは、もしかしたら情報が足りていないのかもしれません。いったん頭を切り替えて、さまざまな情報をインプットしてみてください。

自分の頭で考えることは確かに大切ですし、他力本願な発想ばかりしている人に成功は訪れません。その一方で、脳の蓄積できる情報の量には限界があることも事実です。ですから、行き詰まったら、まずネットの力を借りることです。

2－5

目を向けるべき「本質」は何かを考える

「わらび餅」の食感を代用できる食材とは

いくら考えてもアイデアを実現する方法が見つからないとき、もう一つの方法として、発想を柔軟に切り替えて別の発想をしてみることをおすすめします。

大切なことは、課題の「本質」を明らかにすることです。

２０１９年1月に発売した「桔梗屋黒蜜きなこラテ」も、実現すべき本質を見極めて、「別のもので代替する」という発想で開発した商品でした。

２０１９年当時、ちまたではタピオカ飲料が流行して非常に売れていました。

一方で、市場はやや飽和した気配も見せており、これ以上のフレーバーの展開には限界が来ているように感じました。

当社も2015年からタピオカ入り飲料を販売していましたが、市場にネタ切れ感がある以上、その方向で頭をひねっても「面白い」商品は生まれないと考えました。

そうして「食感のある飲料」という路線で別の商品を検討しているうちに「和」の味に思い至って、「わらび餅」入りドリンクが候補に挙がりました。

でも、ただのわらび餅では面白くありません。誰もが知っているわらび餅といえば「信玄餅」です。そこで、「元祖」として有名な桔梗屋様とのコラボ商品として開発しようと考えて、同社にアプローチしたのがこの商品というわけです。

桔梗屋黒蜜きなこラテ

こうしてコラボの提案は無事に通ったものの、肝心の生産方法に課題が見つかりました。当社は本物のわらび餅を生産する技術も、それを飲料に入れる技術ももち合わせていなかったのです。

そこで考えたのが、わらび餅の代替用素材として「さしみこんにゃく」を使うという方法です。

「わらび餅」の本質は「食感」ですから、それを再現できるのであれば、原料にこだわる必要はないと考えたのです。

さっそく試してみたところ、食感は限りなくわらび餅に近いものになりました。

もちろん試作を繰り返し、あの桔梗屋の信玄餅に限りなく味つけを寄せていきました。こうして「桔梗屋 黒蜜きなこラテ」は誕生したのです。

そもそも食品業界では、味や食感の近いもので代用する、という手法は稀に見られます。

たとえば「カニカマ」も、食材としてのカニの魅力の本質である「食感」と「味」を大事にしつつ、蒲鉾で代用した商品です。「イクラ」の代わりに「人工イクラ」としてアルギン酸を使用したものもあります。

それらはひとえに、お客様が求めている味や食感を安価で提供するための企業努力の賜物といえるでしょう。

そろえるべきは、芋のサイズか、内容量か

材料だけでなく、製造工程においても、「本質」に目を向けて柔軟に対応した例があります。

先ほどご紹介した「三ツ星カップ食堂」シリーズの新作として「山形風 芋煮」を製造していたときのことです。ここで問題になったのが、芋のサイズでした。

同じ商品でありながらそれぞれの内容量に差が出ることは、基本的に許されません。なぜなら、お客様にとって不公平になるからです。

しかし、生産部門はまったく同じサイズの芋を集めることに苦労していました。そこで私は「商品の内容量は、汁の量で調整すればいい」とアドバイスしました。

具の代わりに汁を増やすとお客様には損をした感情が生まれるため、基本の具材を多めにして、汁の量は少なめに、味を濃いめに変更。具材のサイズが少し小さくなった場合にのみ、汁の増量を調整するようにしたのです。

具材の個数は変わらないため、お客様は損をしたという気持ちにはなりません。

こうして、２０２２年10月に三ツ星カップ食堂「山形風 芋煮」を発売しました。

三ツ星カップ食堂　山形風 芋煮

品質を均一に保つために内容標準を統一することは大切ですし、「同じサイズの芋を探さなくては」という発想も理解できます。しかし、守るべき本質は「内容量をそろえる」ことであって、芋のサイズではありません。

私自身もここで挙げたように「とにかくこうしなくては」と思い込み、袋小路に迷い込みそうになったときがありました。しかしそんなときこそ、その仕事で実現すべき本質とは何なのか、それを冷静になって考えるようにしてきました。

わらび餅で実現したい本質は「食感」でした。

芋煮で実現しなくてはならなかった本質は「同一の内容量」でした。

こうして本質が見えたことで、自分の中でそれを達成するために「変えてもかまわない部分」が明確になり、一気に実現までの道筋が見えたのです。

2-6 中途半端な商品をつくらない

パッケージに描かれたキリマンジャロの山々

本章でここまで紹介してきたように、「面白い」仕事を実現していく過程にはさまざまな困難が立ちはだかります。

とはいえ、**困難を避けて実現することを優先するあまり、企画の根幹にあった「面白い」が消失し、特徴のない企画になってしまうことは避けねばなりません。**なぜなら、本質を見失った「中途半端なもの」を市場に出したところで、お客様には受け入れていただけないからです。

当社が創業した翌年の2007年に発売した「LOHAS club カフェオレ」も、その企画の「面白い」をとことん貫いた商品でした。

創業間もない時期には、当社では社会的な主張をもった商品を世に出すことで、自社の企業イメージを向上させたいと考えていました。

そこで注目したのが「ロハス(LOHAS：Lifestyles Of Health And Sustainability)」で、これは健康と環境において持続可能な社会生活を目指すライフスタイルを表す言葉です。

当時は社会的な課題として地球環境保全のためのCO_2削減の問題がクローズアップされはじめており、その象徴としてこのロハスというライフスタイルが脚光を浴びていました。とりわけそのコンセプトは知的な層に受け入れられており、商品の権威づけとしては最適だと考えました。

そこで、当時ロハスのブームを牽引していた雑誌の編集長にアポイントを取って商談をさせていただいたところ、当社の主旨を理解いただき、商品化に向けて動き出しました。

実際に商品開発がスタートしてからは、とことん本気で取り組みました。商品コンセプトやデザインにも「ロハス」の精神を全面的に取り入れました。

この商品のパッケージに描かれている山のイラストは、音楽家の故坂本龍一さんによるものです。

坂本さんは編集長のご好意でご紹介していただいたのですが、環境問題への関心がとても強く、この企画に強い共感を示してくれたのです。

そこで、坂本龍一さんの直筆のクレヨン画がパッケージを飾ることになりました。

坂本さんが描いたのは、キリマンジャロの山々です。キリマンジャロはアフリカで最も高い山で、赤道付近にありながら氷雪の見られる世界でも数少ない場所です。

しかし近年、森林伐採により山の木々が大幅に減少し、いわゆる「はげ山」の状態と化しています。この事象がCO_2の増加にもつながっているのです。

坂本さんのイラストは、こうした地球の現状を伝え、なおかつ世界の環境を考えさ

LOHAS club カフェオレ

せることのできる素晴らしいイラストでした。

お客様を感動させるため、とことんこだわる

もちろん見た目だけでなく、当社は原料や生産の過程においてもロハスを体現することにこだわりました。

まず、原料を確保する際は「フェアトレード」であることを重視しました。フェアトレードとは貧困のない公正な世の中をつくるための貿易を表す言葉で、経済的・社会的に弱い立場にある途上国の生産者と、強い立場にある先進国の企業が〝対等な立場で行う貿易〟の形を示しています。

そして使用するカップも、プラスチックの使用量については当時の最軽量のカップを使用し、パッケージは植物性インクを使って印刷しました。

流行りの「ロハス」をただ冠しただけの中途半端な商品をつくっていたら、その姿勢はきっとお客様にも伝わっていたでしょう。場合によっては、批判を受けていたかもしれません。

仕事で「面白い」を実現し、お客様を感動させるためには、そのコンセプトやメッセージをとことん考え抜かなければならないと考えています。

いまはSNS全盛の時代ですから、考えの至らない中途半端なものをつくっていたら、瞬く間に批判は広がります。お客様の信頼を勝ち取るためには、お客様の見えない部分にさえも、徹底してこだわり尽くすことが大切だと考えています。

2-7 つくり手の事情でお客様の気持ちを見失わない

生乳をたくさん使えば、よい商品ができるのか

「面白い」仕事をしたいという「こだわり」は大切ですが、「面白さ」に執着するあまり、お客様にとってマイナスの結果が生じてしまっては意味がありません。

ビジネスにおける「こだわり」とは、あくまでお客様に喜んでいただくためのもので、そこを無視したこだわりは単なる「エゴ」でしかありません。

以前、「ミルク」にこだわった商品をつくろうと考えたことがあります。

カップ飲料で人気の定番の味は、「コーヒー＋ミルク」です。

私は会社員時代から長年にわたって携わってきたこともあり、コーヒーについては並々ならぬこだわりがありました。そして、そのこだわりを大事にしつつ、ミルクに

もこだわった商品をつくってみたいと考えたことがこの企画のきっかけでした。

ミルクといえば、牧場。そして牧場といえば、北海道……。

そう考えた私が北海道の知人に相談し、紹介いただいたのが「町村農場」でした。そして、そこで私が出合ったものは、まさに本物のミルクと呼ぶべき鮮烈な味わいでした。

「町村農場」は明治15年に生まれた町村敬貴《ひろたか》氏が米国ウィスコンシン州での農業経験を経て、大正6年に北海道石狩市樽川に設立しました。つまり、近代農業のパイオニアともいうべき歴史ある農場です。

コラボ企画を提案した当初、町村農場の方は「うちと組んで出せる商品はありません」と言われました。そこで当社が「何かご提供いただける素材はないでしょうか？」とご相談したところ、生クリームを提供していただけることになりました。

打合せの際に過去の商品や取引内容などを見ていただき、当社を信頼していただけた結果として、素材をご提供いただけたものと考えています。

町村農場ミルクココア

安定した供給量と価格の実現

2015年に発売した「町村農場ミルクココア」に対する「ミルクへのこだわり」は、いわば私自身のこだわりでもあります。最高級のミルクをふんだんに使用した、感動するような飲みごたえのある商品をつくってみたい気持ちがないといえば嘘になります。

しかし、コンビニを訪れるお客様たちは高級品を求めているわけではありません。**本物の味を手頃な値段で購入できる。それがこの商品で実現すべき本質でした。そのためには、つくり手である私の個人的なこだわりは最小限にとどめておくくらいでいいと考えたのです。**

つくり手がこだわりすぎて、目の前のお客様の気持ちを見失うようなことがあってはならない。そう、肝に銘じています。

2-8 将来を見据えて投資する

コストよりも重視すべきことがある

味にこだわって、「面白い商品」を考える。

お客様に喜んでいただくためなら、たとえ壁に突き当たっても、実現する方法を必死に考える。決して簡単なことではありませんが、私はそれが製造業の使命だと考えています。

お客様が驚き、喜んでくれる商品をつくるためなら、ときには大きな投資もいといません。

先ほど「おでん」や「芋煮」の商品を紹介しましたが、これらの商品を含む「三ツ星カップ食堂」シリーズを立ち上げたときにも、当社は大きな投資を決断しました。

2021年に立ち上げた「三ツ星カップ食堂」は、カップに食品を入れた当社の人気シリーズです。2020年の「おでん」の成功を機に、おでんも含めた食品ラインナップとしてシリーズ化したいと考えて立ち上げました。

初期コストとして1億円ほどの設備投資をしましたが、正直なところ、減価償却についてはあまり考えませんでした。

コストがいくらかかるかよりも、新しい価値を生み出すことを重視したかったのです。自己資本で立ち上げるわけですし、誰に迷惑をかけるわけでもないと思い、決断しました。

その結果、現在このシリーズの商品は次のようなラインナップに成長しています。

・おでん（和風だし）
・おでん（関西風）
・山形風 芋煮
・博多風 もつ鍋
・関西風 牛すじ煮込み
・町村農場 3種のチーズリゾット

・町村農場 海老とトマトのクリームリゾット
・町村農場 とうもろこしのポタージュ
・町村農場 ミネストローネ
・町村農場 かぼちゃのポタージュ
・レッドロブスター ロブスターのビスク
・レッドロブスター クラムチャウダー

一部の商品は「町村農場」に原料をご提供いただき、コラボ商品としても展開しています。そして同様に、ロブスター料理で有名な米国フロリダ発のシーフードレストランチェーン「レッドロブスター」にも、一部商品の監修という形で加わってもらいました。

とはいえ、このシリーズは本来、「おでん」や「牛すじ」「芋煮」などのようなB級グルメを基本としたラインナップです。コンビニで楽しんでいただく商品群ですから、親近感のわく存在にしたかったのです。シリーズ名を「レストラン」ではなく「食堂」としたのも、そういった理由からです。

こうした思い切った設備投資や、そこで悪戦苦闘をした経験は、きっとこれから当社の大きな財産となることでしょう。必死になって何かに取り組んだ経験、そしてそこで得たスキルは、きっとまた別の何かに役立ってくれます。

「面白い」の可能性は無限大です。私は「面白い」と考えたことを、いっときかかるコストであきらめてはもったいないと思うのです。

ですから当社は、今後も目の前にある短期的な損益計算だけに注目せず、「それは面白いか」「これから先にもつながるか」、そして「お客様は喜んでくれるか」という視点で考えていこうと思います。

2－9 果敢に挑戦する

どの会社も経験したことがない、おつまみつき飲料

お客様に喜んでいただくためには大規模な投資も積極的に行う。先ほどそうお伝えしましたが、そこでは当然、思惑が外れて失敗することもあります。

けれども私は、失敗を恐れて挑戦できないよりも、果敢に挑戦したほうがよいと考えています。

たとえば当社の人気シリーズのひとつでもある「コメダ珈琲店」とのコラボ商品でも、大きな投資を行いました。

もともと、コメダとのコラボ商品は「銘店珈琲」シリーズのラインナップのひとつとして検討していたのですが、先方の経営的な事情によって商談が進んでいませんでした。

そんなときに、私の会社員時代の後輩がコメダにいると聞いて連絡をとったことで話が進展し、競合他社と販売戦略コンペを行った結果、コメダのＮＢ（ナショナルブランド）として当社が請け負って、全国展開することに決まりました。

その後に「コメダ珈琲店」の出店が加速したことで認知度も高まって、当時コンビニで人気を集めていた「マウントレーニア」シリーズに次ぐ人気商品へと育っていきました。

そして２０１６年には、「コメダ珈琲店」の代名詞ともいえる「豆菓子」を別添えした商品も開発しました。お店でコーヒーをオーダーするとついてくる、小さな袋に入った豆菓子。これは同店の愛用者にはおなじみの味ですし、コメダとのコラボの開始当時から、いつかはやりたいと思っていたことです。

おつまみつき飲料はそれまでになく、「面白い」商品になると確信し、当社はこの豆菓子を別添えする機械を６０００万円の投資によって導入しました。

しかし、そこには大きな課題がありました。

新しい機械を導入し、豆菓子をつけたことで当然、生産コストは通常の商品よりも高くなりました。けれどもここで、「豆菓子の分だけという名目であっても商品の価格を上げるわけにはいかない」という事実が判明したのです。

なぜなら「コメダ珈琲店」では、豆菓子は無料でもらえるものであって、別添えして値段を上げることは、豆菓子の存在意義にかかわる問題なのです。

結局、当社はこの商品を予定通り〝豆菓子料金なし〟で発売しましたが、コスト高のため、売れるほど赤字になってしまいました。

コメダ珈琲店
まろやかミルクコーヒー（豆付き）

加えて、小売店様からは「陳列しづらい」という声も聞こえてきて、せっかく導入した機械も十分に稼働できないまま、生産終了となってしまいました。

経営的に見れば、このチャレンジは失敗ということになるでしょう。けれども一方

では、当社の商品が大きな話題になったというメリットもありました。ですから、この件で後悔はしていません。

すべての「失敗」は「成功」へのステップに変わる

当社では、「面白い」を追求して失敗した経験がほかにもあります。

コメダの数年前にも、おまけつき商品で失敗しました。それは、２０１３年5月発売の「あじわい Famima Café チロルブラックコーヒー」についてです。

これはコンビニでおなじみの「チロルチョコ」の味を再現した飲料ですが、通常30円で販売しているチロルチョコを１５０円の飲料にしても、お客様としてはお得感が得られないらしく、売上は芳しくありませんでした。

苦肉の策としてチロルチョコの現物をセットでつけましたが、単におまけでつけただけという印象でインパクトが薄く、売上アップにはつながりませんでした。

当社はこの経験から、「おまけをつける以上、そこには必然性が必要だ」ということを学びました。そして、この学びを生かそうと再挑戦したのが「コメダ珈琲店」の豆菓子だったのです。

「コメダ珈琲店」の豆菓子にはおまけとして別添えする必然性がありましたし、今度こそうまくいくと思ったのですが、またしても失敗に終わりました。

とはいえ当社はこの経験で、さらなる学びを得ることになりました。

それは、「いくらおまけをつけても、その分、値段が上がってしまったら意味がない」ということです。

「原価がこれだけかかったから、この値段にする」という考え方で商品の値段を設定することは、製造業であれば当然の思考です。

けれどもそれは、顧客の視点に立った考え方とはいえません。

おまけをつけるなら、「その分、値段が上がってもいい」と思える価値を提供しなくてはならないことを学べた、よい経験になりました。

次におまけつき商品を試すときは、この点もクリアした商品を企画すると思います。

このように当社は、まだおまけつきの商品をあきらめてはいません。

たとえ過去に失敗していたとしても、そこから学びを得られたのなら、それを踏まえてふたたび挑戦します。

そうすれば、すべての「失敗」は「成功」へのステップに変わります。

ですから、成功のもとである「失敗」を恐れずに、果敢に挑戦していくのです。

そうやって失敗と挑戦を繰り返していくことで、本当に「面白い」ものが実現できるのだと、考えています。

第3章

「面白い」を追求する生き方

LIFE

3－1
「面白い子」を演じ続けた子ども時代

これまでの章では、「面白い」仕事を生み出して、それを実現するための考え方についてお伝えしてきました。

それは小売店様の販売の努力をはじめ、支えてくださった多くの方々の存在があってこそですが、いかなるときにも「面白い」仕事を追求してきたからこそ、ここまでやってこられたのだと思います。

これまでの人生を振り返ると、どの局面においても「面白さ」を重視して決断をしていたように感じます。

そこでこの第3章では、私の人生をお伝えしながら、「面白さ」を軸にした生き方についてお伝えしたいと思います。

とりたてて特別な生い立ちでもなく、極めて普通の人間ですが、皆様の生き方において何かのヒントになれば幸いです。

では、はじめていきます。

景気はよかったが裕福ではない家庭

1960年、私は鳥取県の米子で生まれました。お互いのパートナーを戦争で亡くした両親が出会い、ともに再婚という形で結ばれ、やがて私が生まれました。

母は進駐軍の通訳をしていて、父は少年兵として戦争に参加していました。実戦経験は少ないようでしたが通信兵をしていたようです。

その後、当時は戦争から帰った人に自治体が仕事を斡旋しており、そのツテで気象庁に勤めることになりました。ところが職場と反りが合わず、結局は喧嘩別れのような形で独立しました。

父が立ち上げたのは、冷暖房機器などのメンテナンスなどを行う空調業の会社です。当時は高度経済成長で各事業所や工場にボイラーの設置が進みましたが、このボイラー整備事業で県の指定業者になったことにより、父の会社に次々と仕事が舞い込んだのです。

ただ、会社といっても従業員がいるわけでもなく、母が一緒に手伝っているような形です。両親ともに常にバタバタと忙しく、家には居つかないような家庭でした。

当時はそうした作業を請け負う業者が少なかったため、工場のボイラーのカバーを外して水道にホースをつけ、2、3時間かけて洗い流すだけの作業で、1回20万円近くの稼ぎになったそうです。いまから50年ほど前の時代に、年収が1000万円あったというのですから驚きです。

にもかかわらず、我が家はけっして裕福な状態ではありませんでした。父は若いときに一生懸命働いていた反動からか、すっかり夜の街にはまってしまい、稼いだお金の大半を飲み代に使ってしまっていたそうです。

ときには給食費が払えないこともあるほどで、童話「アリとキリギリス」のキリギリスのように、お金があるときとないときの差が激しいのです。私はそんな父の姿を見て、「自分は絶対に商売なんてしないぞ」と、固く誓っていました。

「面白くないと相手にされない」という価値観

こうした家庭環境で育った私は、簡単には社会生活に適応できませんでした。クラスメートと接する際にもかなり無理をしたものです。恥ずかしながらそのエピソードをいくつかご紹介します。

・夏休みの読書感想文

小学校時代は毎年、夏休みの宿題として読書感想文の提出を求められました。私は母からも父からも読書をすすめられたことがなく、また図書館で借りるという発想もありませんでしたから、仕方なく家にあった唯一の本である『トム・ソーヤーの冒険』について6年連続で感想文を書いて、先生からひどく怒られました。

・身体検査

母親が家事をほとんどしなかったため、身体検査の日にも、家にはきれいな下着がありませんでした。そのため、母親の新しいパンツをはいていくように言われて身体検査に臨みました。当然ですが、同級生から徹底的にからかわれました。

・遠足の弁当事件

父は仕事に行く際、当時よくいわれた「日の丸弁当」を好んで持っていきました。

私が小学生のころ、遠足の楽しみは親がつくってくれた弁当でした。友達と一緒に食べるときには見せ合いをするものですが、あるとき私の弁当を友達の前で開けてみると、この「日の丸弁当」だったのです。

一面に広がるごはんに、おかずは塩サバのみ。弁当のふたを開けたときの、周りの子どもたちの驚愕する顔、顔、顔……。

「さば好きなんだよね」。私はとっさにこう言って、皆と笑い合いました。

友達はおかずの交換を申し入れてくれましたが、私は恥ずかしい気持ちでいっぱいでした。

・自転車

あるとき自転車をねだって買ってもらいました。見たこともないスポーツ仕様です。嬉しくて友達に見せて自慢したところ次のように言われました。

「いろんなメーカーのものを寄せ集めてできている。不思議な自転車だね？」

私はその自転車が寄せ集めであることがわからなかったので、とても恥ずかしい思いをしました。

・散髪事件

私は先生から髪の毛が長い、切ってこいと何回も注意されていました。そのたび親に頼みましたが、なかなか散髪に行かせてもらえません。

ある日、業を煮やした先生から「明日までに切ってこい！」と命じられ、それを親に報告したところ、裁ちばさみでバッサリと切られました。

なんと、おかっぱ頭になってしまったのです。翌日学校に行くと爆笑の渦、渦、渦……。私はきまりが悪くて、ただ笑うしかありませんでした。

こんなエピソードを挙げはじめたらきりがありません。たびたび自虐的な気分になりましたが、皆と仲よくなりたい一心で冗談を言ったりおどけたりしていました。

さらに、若干の絵の才能もあったため、ひたすら漫画を描いて皆の気を惹きました。友達の好きな漫画を描いてプレゼントなどしていたことで、6年生になったときには、クラスで「男子の人気ベスト3」にリストアップされるほどの人気者になれました。

思えば、この時代に「人として面白くないと相手にされない」という私の価値観が確立されたのでしょう。

最初はこうして、身の回りに起こるつらいことを打ち消すため、私は「面白い」ことを考えはじめました。しかし、そうしてクラスメートに認められ、喜んでもらっているうちに、いつしか私の中に違った感情が芽ばえはじめました。

自分が「面白い」を発揮することで皆が喜んでくれるし、いままで以上に仲よくなれる。それなら、これから皆に「面白い」をプレゼントしていこう。

そう考えるようになったのです。

3-2 「面白い」ことばかり追いかけていた学生時代

勉強をしなくなった中学・高校時代

勉強について、親から干渉されたことはありません。私の成績表も見ていたかどうかもわからず、「勉強しろ」と言われたことは一度もありませんでした。

そんな私ですが、自分で言うのも恐縮ながら、勉強はそこそこできたほうでした。授業での内容も即座に理解できて、楽に覚えられました。小学校6年生のときに知能指数（ＩＱ）を測る試験があり、学年で2位になったこともあります。

けれども、これがいけませんでした。自分は賢いと思い込んでしまい、勉強をしなくなってしまったのです。

中学校に進学すると、いよいよ自我が強くなります。

アイドル人気が全盛の時代ということもあって、私はファッションに目覚めました。小学生のころはそこまで関心がなかったのですが、TVの影響でアイドルの服装を真似たくなったのです。

喧嘩はめっぽう苦手でしたが、買ってきたジーンズに自分で鋲《びょう》をつけたり、3年生になるとツッパリ風の学ランを着たりと、恰好《かっこう》だけの不良っぽさを周囲にアピールしていました。

クラブ活動にも強制的に入部させられましたが、どれも長続きしません。球拾いとか、先輩の命令は絶対とか、ちっとも面白くありませんでした。その結果、朝の練習にも行かず、そこから退部を繰り返し、最後には帰宅部になりました。

また、そのころは友人に紹介された女子とつき合っていたこともあって、勉強はそっちのけで恋愛ばかりに関心が向かっていた時期でもありました。

結局、高校受験では志望校に受かりませんでした。なんとか入れる学校を見つけて入学したものの、どうしても勉強に身が入りません。何かと「面白い」ことを探しては、興味をもつと勉強そっちのけでのめりこんでいました。

2浪時代、どたん場の底力で合格「必死でやればなんとかなる！」

そんな生活を過ごしているうちに、大学受験の時期がやってきました。実の兄がそこそこのランクの大学に行っていたため、プライドの高い私としては兄に対抗する意図もあり、受験大学は「有名な大学」「何か目立つ要素がある大学」という基準で選択しました。

結局、すべての受験校で不合格でした。浪人も考えましたが、正直な気持ちとしては面倒くさい。そんな折に親戚の子が東大の医学部に入学したものですから、親から「わが家からも医者を出したい」などという、とんでもない希望が聞こえてきました。そもそも、そのお金はあるのだろうか？

そんな影響もあって医療系の進学先について調べていたところ、給料が高く安定した職業として「レントゲン技師」を発見しました。私は「楽にお金が儲かる仕事」と都合よく考えて、その専門学校に進みました。

ところが、もともと文系志望だった私は理数系がちんぷんかんぷんで、当時全盛だったディスコで遊ぶ、麻雀をする、アルバイトをするといった生活にたちまち転落してしまいました。それで結局、2週間くらい通った後に退学したのです。

ここで私は一念発起しました。

「やはり大学へ行こう！　浪人して勉強して、ちゃんとした大学に入ってやる」と心に誓ったのです。しかしながら、もともと誘惑の多い東京です。友人は皆大学生ですし、一緒に遊んでばかりいました。


当然、浪人1年目の受験は全滅です。そして2浪の日々に突入しますが、かつての固い決意はどこへやらで、相変わらず遊んでばかりいました。

いよいよ受験の日が近づき、願書を出す段になって私は大いに焦りました。

「もし受からなければ、地元に帰って働くしかない。そんなのは絶対いやだ！」

入試直前の12月、必死になって勉強を開始しました。このころの実家は経済的に厳しい状態にありましたから、受験料を稼ぐために勉強とバイトを繰り返す日々でした。

こんなふうにどたん場で底力を発揮した結果、私は日本大学に合格することができたのです。大学の規模は大きく、学生数はとても多い。それに全国的に有名な大学ということで、自分の描いた理想通りの大学でした！

私が浪人時代を通じて得た教訓は、人はいつからでも失敗から立ち直ることができるということでした。

「必死でやればなんとかなる！」

これに尽きます。

3-3 コーヒーの道へと導かれた「ある言葉」

アルバイトを通じていろいろな世界をかいま見た

私はこうして最高学府での生活をスタートさせましたが、積極的に勉強しようという気持ちはありませんでした。

「単位さえ取れば遊びまくっていられる。バラ色の日々の始まりだ！」

こんなふうに期待に胸を膨らませて、大学生活をスタートさせたのです。

アルバイト、ディスコ、麻雀、そして恋愛を繰り返した日々。いま思えば最高にだらしない生活なのかもしれませんが、楽観主義なのか、現実逃避なのか、とにかく就職に対してはなんとかなると思い込んでいました。

アルバイトでは数多くの仕事を経験しました、新聞勧誘、24時間営業の喫茶店、地上げ屋のサポート、高級レストラン、宅配便の配達、ビルの解体……。いろいろな人と知り合って、いろいろな世界をかいま見ました。

また、この当時に知り合っていた女性に、学生では知り得ないような飲食店に連れて行ってもらったことで、私の「食」に対する関心は高まっていきました。

さらに、ファッションも大いに学びました。

人との出会いと別れ、そのはかなさも学びました。

自分の大学生活を総括すると、社会人になるための総合的な勉強、体験の期間であったように思います。

こうして大学時代にアルバイトを転々とした私ですが、最後にたどり着いたのがテレビ局のアシスタントディレクター（AD）の仕事でした。

ADの仕事はとても不規則な生活でしたが、もともと「昼間は寝て、夕方に起きて働き、夜は麻雀」という生活を送っていた私には、一般人とは異なるこのサイクルがうまくはまりました。同じような生活をしている友達もたくさんできて、大学入学以来はじめて「面白い」と感じた仕事でした。

また、当時はメディア業界の全盛期のため金払いもよく、私も学生の身分ながら月に24万円ほどアルバイト代をもらっていました。その後に就職した会社の初任給が18万円でしたから、よい待遇だったと思います。

友達と楽しく過ごして、タレントやアイドルを間近で見られて、お金ももらえる。当時の私は、その生活を心から「面白い」と感じていたのです。

そんな経験もあり、私は就職活動でマスコミの世界を目指しましたが、マスコミ業界には就職浪人してでも入る覚悟で一途に志望する人、アルバイトなどを通じて地道にコネをつくりながら業界入りを目指す人など、情熱のある志望者がたくさん受験してきます。

私のようにただ「面白そうだから」という熱量ではまったく歯が立たず、就職することは叶いませんでした。まったく真剣味が足りなかったのです。

このとき、自分が就職の面でいかに弱く低い立場にいるのかも思い知りました。とはいえ田舎に帰るつもりはなく、なんとか東京に残ろうと入れる会社を探しました。

心が震えた説明会でのメッセージ

当時の私には仕事に取り組む「軸」のようなものがありませんでしたから、とにかく「皆が知っていて、馬鹿にされないような会社」を探しました。

そうして見つけたのが、コーヒーを中心とした大手飲料・食品メーカーでした。レギュラーコーヒー市場のトップ企業であり、テレビCMも流しているため、誰もが知っている有名企業です。

実をいうと、私はコーヒーがそれほど好きではありませんでしたが、私の兄がコーヒーを好きだったこともあり、とりあえず会社説明会に参加しました。

そして、そこで出合ったあるメッセージが私の人生を変えたのです。

その説明会では1本のビデオが流されました。そのビデオは、ジャマイカのコーヒー農場を空撮した映像でした。

遠くに見える山々。その背景に広がる広大な青空。真っ赤に熟したコーヒーチェリー……。これまでに見たこともない映像が一瞬で私の心を掴みました。そして私の心を動かしたのは、その後に投げかけられたメッセージです。

「君たちはコーヒーを売るんじゃない。文化を売るんだ」

心が震えるとともに、入社後の仕事への期待に胸が膨らみました。

「この会社での仕事は、面白そうだ！」

私はそう感じてその会社への入社を決めたわけですが、現実はそう甘くはありませんでした。入社後には理想と現実のギャップを知り、厳しい環境の中で仕事人としての実力を磨いていくのです。

3-4 仕事を「面白い」と感じる余裕はなかった若手時代

「勝てる土俵」「誰にも負けない分野」を探した

私はこうして大きな希望を抱いて会社の門をくぐりましたが、入社の当日からつまずいてしまいました。

もともと私は「自分は仕事ができる」という、根拠なき謎の自信を抱いて入社しました。唯一の不安といえば「朝、起きられるだろうか」くらいです。大学の卒業旅行でアメリカに行っていたため、真っ黒に日焼けして、頭も短髪。さらに、朝のセットを楽にするためパーマをかけて入社式に臨みました。

新入社員100名が一堂に会する講堂の最前列にいた私は、人事担当者から髪型と日焼けを理由に最後列へ移動させられ、さらにパーマをとってくるように厳重注意されました。「会社には独自の社風がある」ということをまったく考えず、見当違いの自己主張をしてしまったわけです。

そして、入社直後に受けた研修は軍隊方式のスパルタ研修でした。知力や体力だけでなく、大声で返事ができるかなどの精神面も試される内容です。

私はそれまでいい加減な人生を送ってきたため、この研修では何度も音を上げそうになりましたが、生来の負けず嫌いもあって、意地でも同期には勝ってやろうと奮起しました。

同期はグループ全体で200人ほど。中には優秀な新人が何人もいて、知力も体力も精神力もずば抜けています。

そこで私は、「自分が勝てる土俵」を必死になって探しました。人と同じ土俵で勝負するのでなく、どこかで負けてもいいから、何か「これだけは誰にも負けない分野」を見つけようと考えたのです。

思えば、他人と競って勝とうとするよりも、人とは違う土俵で勝とうというマインドは、この時期に限らず、その後のビジネス人生においてずっと意識してきたように思います。

「面白い」よりも「負けたくない」で仕事に取り組んだ

こうして地獄の研修を終え、ようやく現場配属になりましたが、そこでの仕事も、私の想像とは大きくかけ離れていました。

私が配属されたのは、東京の場末にあるしがない営業所です。コーヒーを売りたいと思って入社したはずなのに、実際はコーヒーの売上は全体の2割くらいで、おもな商品は缶詰などの食品でした。

基本的に私の担当業務は商品の配達です。当時はファミレスが全盛の時代で、そういったお店にアイスコーヒーなどを運ぶ業務が主体でした。

「コーヒーを売る、文化を売る」といった綺麗ごとはいっさいなく、ルートセールスという名ばかりの営業です。お得意先に行けば「配達の人?」という扱いで、私のプライドはズタズタになりました。

配達する商品は液体コーヒーですからかなりの重量です。ひとケース20キロほどある商品を、１店舗に20ケース、すべて手作業で運び入れるといった作業を一日中繰り返すのです。だいたいどのお店も厨房が狭いので、身を縮こませながら重たい荷物を運び入れます。それはもう、本当にきつい仕事でした。

朝の７時から社歌が流れる中で働きはじめ、仕事が終わるのは夜の11時という日々が続きました。無心で仕事に打ち込むうちに、体重が１か月で10キロ減ることもありました。

加えて、私は同期の中でも特に重たいノルマを課せられていました。月に４００万円の売上がノルマの同期がいる一方で、私が担当していたルートのノルマは１２００万円だったのです。

いまでこそわかりますが、当時の私は仕事をどこか舐めていて、見てくれも生意気だったので、その根性を鍛え直してやろうという意味で他の人よりも厳しいノルマを課せられていたのかもしれません。

毎日大量の商品を車に積み込み、その重さで車は常に沈み込んでいる状態です。必死になって仕事をこなしていても、そう簡単に終わる量ではありません。上司からは

「○○君はちゃんと会社に早く帰ってきて勉強もしているのに、君はなぜ終わらないんだ?」などと言われる始末です。

また、昼食の時間すら取れない日もたびたびで、運転しながらおにぎりを食べてヘトヘトになって帰ると、支店長から「君は仕事が遅いね」と悪魔のような一言を投げられます。


また、こんなこともありました。

当時勤務していた支店では、コーヒーの拡売キャンペーンではなく、ひたすら支店が取り扱う食品などの拡売キャンペーンに取り組んでいました。

営業成績を上げることが地獄から這い上がるすべであると信じていた私は、そのキャンペーンに積極的に取り組みましたが、じつはそこに大きな罠が潜んでいました。

あるとき、サラダ油の販売キャンペーンで一斗缶(18リットル)を100ケース受注しましたが、それらはメーカーから直送ができず、すべて自分で運ぶ羽目になりました。重い一斗缶をひとりで大量に運搬し、本当に大変な思いをしました。

またあるときは、ギフト販売キャンペーンでひたすら受注しまくり、支店でトップの成績を収めました。ただ、ギフトである以上、自分ですべて包装をしなければならず、さらには熨斗《のし》書きまでをやらねばなりません。

通常の配達を終えて支店に帰ると、そこにはギフトの山が待っています。私が呆然としながら包装していると、最後の最後に、見るに見かねた先輩が応援を申し出てくれました。私はどれだけ感謝したかわかりません。

ちなみに、こうしたキャンペーンで好成績を上げても昇給などの見返りはありません。「よく頑張ったな！」と先輩に褒められ、一緒に近所の居酒屋に行くことだけが楽しみでした。

けれども、こうした逆境の中、私には逃げるという選択肢はありませんでした。自分がサボってしまうと先輩に迷惑をかけてしまうという理由もありましたが、「これをクリアしないと次に行けない」という気持ちが勝っていたのです。

だから1日として仕事を休むことはありませんでした。成績優秀な先輩にコツを聞いたり、新規開拓も頑張ったりなど、できることはすべてやりました。とにかく文句のない成績を残して、この地獄から抜け出すために必死だったのです。

このときばかりは、仕事を「面白い」と感じている余裕はありませんでした。仕事の原動力は「負けたくない」の一心でした。それはもう、生存欲求に近いようなものでした。

自分はそれまで、仕事というものを甘く考えていたのかもしれない。

私にそう気づかせてくれたこの新人時代の経験に、いまでは感謝しています。

3-5

お客様に喜んでもらえることに「面白い」を見出した

頭を使って物を売る

地獄のような営業時代でしたが、しだいに仕事の要領を掴みはじめるとともに、お客様の立場になって考えて行動できるようになりました。

といいますか、お客様のことをきちんと考えて仕事に取り組まないことには、ノルマの達成は不可能だということに気がついたのです。

当時、扱っていた商材の8割は缶詰でしたが、缶詰は利益率が低いため、重量20キロのケースを運んでも100円の儲けにしかなりません。一方で、コーヒーは1キロで700~800円の儲けになります。

コーヒーをたくさん買っていただくには、お客様であるお店自身が繁盛してくれないといけません。しだいに私は、取引先のお店に対して「どうすればお店が繁盛するか?」という思考で接するようになりました。

そうやってお店と向き合っていくうちに、お店に喜んでもらえることがいちばんの喜びになり、やがて会社の利益よりもお店の利益を優先するようになりました。

それがお店のためだと思えば、ときには店主に反論することもありました。

あるお店にドレッシングの営業で伺ったときのことです。その店で出している「サラダ」を見たところ、ただのキャベツの千切りでした。私が「これはサラダじゃないですよね?」と指摘しても、店主は「いや、これはサラダだ」と言い張りました。

そのうちに私も頭に来て、「ドレッシングは買ってくれなくてもいいです。でも、お客様に嘘をつくのはいけません。これはキャベツの千切りとして出して、ちゃんとしたサラダをつくりましょうよ」と、諭してしまいました。

すると店主は、私の真剣な眼差しに心が変わったのか、「うん、そうだね」と納得してくれました。

このあたりから、営業活動の最終ゴールを「物を売る」ことではなく、「お店を繁盛させる」ことに変えました。そしてしだいに、お店のレシピ開発やメニュー表のデザインなど、お店のためになることであれば、自社の商品を売る以外の取り組みであっても次々にやるようになっていきました。

お店が喜んでくれることが単純に嬉しかったというのもありますが、そうやって頭を使わないことには物が売れなかったのです。

東京の中心地であれば、ただお店を回るだけでコーヒーが売れたのかもしれませんが、当時の私が担当していた地域では、まず「どうすればお客さんがコーヒーを飲んでくれるのか」から考える必要があったのです。

このときの経験が、「頭を使って物を売る」ということを教えてくれました。

また、コーヒーのほかに、コーヒーマシーンそのものを売ったこともあります。1台300万円する機械なので、これを売るだけで大きな売上になります。私は2台のコーヒーマシーンを売りましたが、そんなことは当時、他の誰もしていませんでした。

こんな高価な機械を買っていただけたのも、これまでの姿勢によってお店の人との信頼関係ができていて、「店づくりのこと全部、熊谷さんに任せるよ」と言ってくださったからです。

もちろん、ただ売上をつくるためにコーヒーマシーンを売ったのではなく、それがお店のためになると判断してのことです。1台300万円する機械ではありますが、それによって商品提供が速くなってお店の回転率は上がり、人件費も抑えられます。長い目で見れば、意外に元はすぐにとれるのです。

お客様に喜んでもらえる嬉しさ

当時の私に何かひとつ取り柄があったとするなら、それは誰とでもすぐに仲よくなれたことでしょう。営業として商談をしに行くのではなく、相手の悩みを引き出して、その解決策を提案しようというマインドが相手に気に入られたのだと思います。

また、当時の私は生意気に見られることが多く、第一印象も悪く人から叩かれがちな人間だったので、その分、実際にお客様と話したときには180度逆の好印象を与えることを意識しました。第一印象が悪いのなら、話の内容で引き込んで仲よくなってやろうと考えていたのです。

当時の私は、仕事に向かうモチベーションが会社内の「成功」とか「評価」に向いていませんでした。それよりも、「お客様の課題を解決したい」「自分のことを理解してほしい」と、お客様や自分に向いていたように思います。

その努力が、営業とお客様という関係を超えて、ともに課題を解決するパートナーという関係性をもたらしてくれたのだと思います。

会社にいわれたことをただ愚直に行うのではなく、お客様の話を聞いて、よく観察して、お客様のためになることを、頭を使って考える。

それによって、お客様に喜んでもらえて、自分も嬉しい。

そして、結果的に売上が上がるなど、仕事の成果にもつながる。

そんな経験を経て、はじめて仕事が「面白い」と思えるようになりました。

3-6 逆風に負けず、社内の評価を勝ち取った

ひと癖ある部署への異動

前項で述べましたように、お客様のことを第一に考えて行動し、喜んでいただける仕事に私は面白みを感じていましたが、一方で、上司からの評価は芳しくありませんでした。

確かに、上司の指示と違った営業方針を貫きながら、文句のない成果を上げてくる私のことを管理職として面白く思わないのは当然でしょう。そのため、さらなるノルマや過酷な業務を課されることもありましたが、私は持ち前の反骨心を発揮してうまくこなしました。ところがそれでは上司のメンツが立ちませんから、私のことをますます気に食わなくなってしまうのです。

そんなギクシャクした上下関係のまま、私は入社から5年を経て、本社の営業本部に異動になりました。異動先は会社が新たに立ち上げた部署で、組織体制の見直しや変更を検討します。

この部署を取り仕切っていた役員は偉くなるまでに数多くの苦労を経験したそうで、この部署の成功で組織を見返したいという強い思いを抱いていました。

そのためその部署のメンバーは、役員自身と同じように反骨心をもった「優秀だが、どこか偏っているために組織内で器用に立ち回れず、日の目を見ていないやつ」を集めたそうです。そこで、私にも声がかかったのでした。

私はこのひと癖ある部署で、直属の上司からたびたび損な役回りの仕事を振られました。これは個人的な見解ですが、「こいつにこの仕事を振って、失敗させてやろう」といった狙いがあったのかもしれません。

たとえばあるとき、社内の労働環境問題の改善の一環として、自社で担っていた物流の一部を外部委託するプロジェクトが立ち上がりました。

先ほどお伝えしたように、当時はルートセールスの営業担当が商品を運ぶ物流担当を兼務していたわけですが、その負担がかなり重いものだったのです。

この物流を委託業者に切り替えるためには、全国の支店の物流をすべてマニュアル化する必要がありました。この簡単ではないミッションはもともとチーム全体に振られたものでしたが、上司から「お前は現場にいたからわかるだろう」と、手順書の作成から業務委託の段取りまで、すべての業務が私ひとりに振られました。

期待されると燃えてしまう性分

当時の私は29歳で、営業の経験があったとはいえプロジェクトのすべてを理解していたわけではありません。上司から「アドバイスをもらいながらやってみて」と言われて頑張ってはみたものの、やはり素人ですからうまくいきません。

こうして混乱しているプロジェクトの様子を、上司が状況を理解しないまま報告してしまうので、役員は現状を把握できませんし、ますます混乱してしまうだけです。

最終的に、業を煮やした役員から「あの上司への報連相は飛ばしてかまわないから、君が全部責任を持ってやれ」と言われて、私が直接任されることになりました。

役員から期待され、全権委譲で振られた仕事ともなれば、いやがうえにも燃えてしまうのが私の性分です。結局、逆境をものともせず、がむしゃらに頑張ったことでプロジェクトはうまくいきました。

そうして私は上層部から大きな信頼を獲得しました。私の上司が役員に業務の報告をしに行った際なども「お前はいいから、熊谷を呼べ」と言われるほどでした。

たとえ直属の上司にキツく当たられようとも、わかってくれている人がいる。仕事で成果さえ出していれば、しっかり評価してもらえる。

そんな環境があったため、私は仕事の「面白さ」を見失わずに済んだのです。

3-7 自分で考え、手を動かし、実現していく

念願の部署に大抜擢されたはずが……

こんなふうに地味ながら着実に実績を積んできた私ですが、ある転機が訪れます。

それは直属の上司と大いにもめて、31歳で退職を決意したときのことです。

会社を辞めようと決意した私は役員に辞職の意思を伝えにいきました。私の辞意を知った役員は辞職を思いとどまらせるのと同時に、辞職の意思を翻させるため「確か君は、マーケティング部に行きたいって言っていたよね？」と部署異動を提案しました。かつて、私が何かの際に話したことを覚えてくれていたのです。

こうして、当時31歳、私は大抜擢されてマーケティング部に異動しました。

念願の部署に異動できたわけですが、ここでも逆境が待っていました。

マーケティングなんてやったことがないわけですから、もちろん、はじめは何をすればいいのかわかりませんでした。朝会社に行ってから夕方まで、周りの先輩たちからは、仕事を教えてもらえず放置されたまま。そんな日々が2、3週間ほど続きました。

これは困ったと、「仕事を教えてもらえませんか?」とお願いしても、「お前に何ができるの?」と返されてしまいます。「ですから、教えていただけないとできません」と答えてみても、「だから、時間がないんだって」「そのうち教えるから」と追い返される始末です。

さすがに頭にきた私は部門長に相談しましたが、そこでも「自分で考えてやればいいんじゃない?」と突き放されてしまいました。そのため私は仕方なく、外部の協力会社の人に教えてもらい、独学でマーケティングの仕事を覚えていきました。

マーケティング部でのおもな仕事は、商品コンセプト、商品仕様、味覚、パッケージのデザインなどを考えることでした。

そこで私が先輩たちの仕事に触れて感じたことは、パッケージやパンフレットなどに対する「なんか違うな」という漠然とした違和感です。部署に入ったばかりでそんなことを感じていたわけですから、実際、生意気だったんですね。

そんな私が最初にかかわったのは、あるコーヒーのクリエイティブ制作でした。購買者層を分析してみると、おもな購買者層は40代くらいの女性です。ということは、この層の人たちにいちばん評価していただけるデザインを考えねばなりません。

そこで参考にしたのがある大手化粧品会社の商品パッケージでした。化粧品コーナーを見てみると、人気商品の多くが白地に金色をあしらった、アールヌーボー調の高級感あるデザインです。中でも同社の化粧品に高級感がある印象をもちました。私はこのデザイン感覚をコーヒーにも取り入れようと考えたのです。

仕事の成果は認めてもらった先に必ず待っている

このデザインが従来のコーヒーのデザインとはまったく異なっていたため、先輩たちからは「こんなのコーヒーじゃない」「コーヒーといえばセピア色だろう」と、強く批判されました。

そうした批判をすべて無視して進めたこの商品は、発売後に全国で大ヒットしました。お客様からは「コーヒーのパッケージで、こんな素敵なものははじめて」と評価いただき、営業部からもかなり喜ばれました。

最初にこの経験があったことで、以降も私は、周囲の考えているものと違う「あるべきデザイン」を考えていくようになりました。常識、ルール、前例などは考慮に入れず、消費者がそのデザインを「あるべきだ」と感じているのなら、果敢にチャレンジしていくべきなのです。

ちなみにこうした経験をもとに、私は現在も当社の商品の多くで、デザインなどクリエイティブの方向性を決定しています。他人から見れば、すべてを自分の感覚で判断していることに不安を感じるかもしれませんが、私としては消費者のマインドや社会状況などを調査しつつ、「これしかない」と確信できる状態を目指しています。

仕事の成果は認めてもらった先に必ず待っています。

当時の私は「これまでどうだったか」「他の商品はどんなものか」など、前例にとらわれない独自の商品をつくって実績を上げているうち、上層部に実力を認めてもらえるようになり、やがてすべての商品を任せていただけるようになりました。

はじめは広く浅くかかわるだけでしたが、しだいに、すべてのレギュラーコーヒーのクリエイティブ責任者に任命されたのです。


いいものをつくって、会社の人に認めてもらいたい。

そのためには、もちろんお客様に認められないといけない。

そして認められた先に、成果はついてくる。

社内からは批判されることばかりでも、お客様に認めてもらえる商品をつくり続ければ、いつかは認めてもらえるのではないか。

私はそんな想いを胸に、仕事に真剣に向き合ってきました。

現在まで続く、私の仕事観が醸成された期間であったように思います。

3-8 誠意を尽くした仕事を「越権行為」と批判された

ふたたび営業部門に

仕事でひとつずつ成果を出すことによって、私は徐々に社内で評価されはじめましたが、36歳のときにマーケティング部門を離れることになりました。

きっかけは課長への昇進試験でした。当時の最年少での挑戦でしたが、運が悪いことに、そのときの人事部長が以前あることで口論になった相手だったのです。

面接の間も、その部長はずっとニヤニヤしていて、予想通り試験に落ちてしまいました。

「なんだよ。結局上司にゴマをすらなきゃ出世はできないのか。面白くないな」

私は釈然としない思いでしたが、試験に落ちた本当の理由は違いました。

受験当時、私は責任者でありながら職位は係長でした。課長にならなくては部門長になれないということで昇進試験を受けることになりました。

通常、昇進試験の前には上席の役員にレポートを提出して添削してもらうのですが、私はすでに成果を出しているという自信があり提出しませんでした。そういった理由もあって、昇進試験には受からなかったのです。


こうして、私はマーケティング部門から、ふたたび営業部門に移ることになりました。営業といっても以前のような店舗営業ではなく、コンビニチェーンなどの本部との広域営業です。

商品開発の知識があるから、家庭向け商品を担当するのがよいだろうという理由でした。とはいえ、異動してからも商品開発は自主的に行っていて、そちらでも成果を上げることができました。

たとえば、家庭用品を取り扱うある大手ブランドが、コーヒーの調達先をアメリカから日本に切り替えるとなったときのこと。当社以外に大手飲料メーカーも交えてコンペが行われて、当社が契約を勝ち取りました。

ただ問題になったのが、このブランドがいわゆるネットワークビジネスであったことです。そのため上司からは「契約をするなら、現金払いで、支払いサイトは最大2週間までしか認めない」「つくる商品も、先方の意向ではなく、自社の稼働率の低い缶ラインを使うように」と、無理難題を提示されました。

すでに先方とは合意を得ていますし、契約金額も当時の会社の取引先の中では最大額であったため、後には引けません。

内容としては当社の一方的な要求でしたが、それがどうすればお客様のメリットになるかと誠実に考えたことで、結果的には先方との交渉が実り、上司から提示された条件で話をまとめることができました。

ところがそれから1年後、海外事業部から「あの会社は海外の会社なのだから、本来は海外事業部が担当するべきだ」と、担当を渡すよう迫られてしまいました。

海外の会社相手の取引は営業部門ではなく海外事業部の仕事であり、越権行為に相当するというのです。

自分でできることを探し、何でも試してみる

じつはこれ以外にも、越権行為と言われて問題になった事例は少なくありません。

マーケティング部門に在籍していたときと同様、私はお客様のためになることであれば、まず自分でできることを探して、何でも試してみるようにしていました。その結果、自ずと他部門の事業領域に手を出すことになってしまうのです。

たとえば代表的な事例として、ある大手コンビニチェーンがレジカウンターでコーヒーの提供をはじめようとしたときのことです。

いまではどのコンビニでも淹れたてのコーヒーが飲めますが、当時は2000年代初頭であり、本格的に実施していたチェーンはまだありませんでした。

先方のコンビニチェーンの代表からは、「アメリカの店舗では店内に入るとコーヒーの香りがする。一方で日本の店舗ではおでんの香りがする。これは自分がつくりたかったコンビニではない。コーヒーの香りがするコンビニにしていきたい」と、ミッションを受けました。

そこで、先方の社内で「さあ、どうしよう?」と協議が始まり、嗜好《しこう》品の担当者から私のもとに相談が来たのです。チェーンオペレーションで一括仕入れ、管理をするにしても人員が必要になるし、売れ残りのロスも出てしまう。やはり、1杯ずつ淹れるしかないと考えて、エスプレッソマシーンを導入できないかと提案しました。

ところが、当時そのコンビニチェーンは全国に7000～1万店舗あったため、1台150万円の機械を導入すると考えると、費用対効果は絶対に見合わないだろうと判断されました。

それなら「実験でいいからやらせてほしい」とお願いして、なんとか1店舗だけ導入してもらえることになりました。とはいえ、機械だけ置けばいいというわけにはいかず、付属する備品の開発やマニュアルの作成なども必要になるため、社内では誰も相手にしてくれませんでした。

そこで、マーケティング担当時代のツテを頼ってエスプレッソのキャラメルソースを開発したり、それを移すための容器を自ら買い集めたりなどしていきました。

陳列するための什器《じゅうき》も必要でしたが、これは日本でつくると1店舗あたり100万円はかかります。どうしようかと思案していたところ、ふと訪れた家具チェーン店で木製家具がインドネシア産、プラスチック製品がタイ産であることを発見しました。

そこで私は、知り合いを通じてインドネシアで木製の什器を製造し、それを日本で組み立てるノックダウン方式を導入しました。

誰も試みないチャレンジとは越権行為なのか？

このように、私は実現するための方法を自分で考えて、自分で進めていました。原料の調達も、機械の生産も、商品部や生産部などを無視して進めていたのです。もとはといえば、お願いしても誰も動いてくれなかったからなのですが、導入店が２００店舗になるまで、すべて自分の手でやっていました。

社内では、以前から私のそういった越権行為が問題視されていたようです。特に問題となったのは、機械の生産コストを下げようとしたときのことでした。

私はコンビニチェーン用のエスプレッソマシーンの導入店舗を順調に増やしていきましたが、あるときコストダウンの要望を受けました。やはり、１台１５０万円の機械ではどうやっても採算が合わないため、なんとか50万円以下に抑えられないかということでした。

そこで知り合いの会社に現状の機械を届けて、すべての部品を分解して調べてもらいました。すると、ほとんどはスペイン製だということがわかりました。それだったらと、部品をスペインから直接輸入し、台湾で組み立てを行ったところ、１台43万円ほどのコストに抑えられたのです。

私としては「やった！」という思いでしたが、それまで機械を製造していた子会社からしたら「ふざけるな」という話です。それに本来、海外生産にする場合は社内の承認が必要ですが、私はそういったことも無視して行っていました。

こうした行為が、だんだんと社内で問題視されるようになってきたのです。私としては利益も出ているし、お客様のためにできることをやっただけです。誰も試みようとしないチャレンジを、はたして越権行為と呼べるのだろうか？　それでも批判を受けてしまうことに、私は不満を感じはじめていました。

3-9 転職してもなお立ちはだかる「組織の壁」

上流から押さえる「頂上作戦」

先ほどご紹介したコンビニの店内コーヒーに限らず、本社からはそれまでに、さまざまなクレームを受けていました。

私自身としては、お客様に喜んでいただける仕事をし、それがブランド価値の向上につながり、ひいては企業価値の向上につながると信じて仕事をしてきたつもりでした。しかしながら、会社には社風というものや、暗黙の了解事が存在しています。

たとえ会社のためになることでも、周囲の人たちや組織からすると「余計なこと」「立場や役割が違う」といったような観点から不快に感じる人もいたということです。

「全力で取り組んできたこの行動は、本当に会社のためにならなかったのか」

そういう疑問が生じ、また不満もあり、退職するほうがよいのかなと考え始めました。
そんなとき、たまたま昔の上司が別のコーヒー会社に転職し、転職先の会社で家庭用商品事業を立ち上げたいから来てくれないかと声をかけてくれたため、私は転職をすることにしました。そして、転職先の会社で経験したさまざまなことが、独立後の仕事へとつながっていきます。

このような経緯で私は会社を変わり、心機一転、新たな気持ちで勤務を開始しました。過去の苦い経験を踏まえて「今度はおとなしく生きよう」と考えたのです。

しかし性分というものか、私はふたたび全力投球で仕事に打ち込むようになりました。そうやって行動することが会社の発展のために間違いないことだと確信していましたし、少しずつでも進めていくことで、いい結果が出はじめました。

最初に考えたのは、上流から押さえる「頂上作戦」でした。

当時の会社は原料メーカーとしてはナンバーワンでしたが、家庭用商品でのシェアは大きくはありませんでした。そこでシェアを取るために、E社とR社という、まさに業界の頂上ともいえる大手プライベートブランドの仕事を受けていくことを目標にしました。そしてそれに合わせて、格安スーパーのB社のプライベートブランド、この3つを取ることで数字が上がると考えて営業をかけていきました。

そこには前職の会社も食い込んでいましたが、積極的な営業の末、この3社とも原料の提供元として権利を勝ち取ることができました。


加えて、私が転職先の会社でやった大きな仕事のひとつが沖縄市場の開拓でした。

当時の沖縄は完全なクローズドマーケットで、当社も月に何件かくらいの納品実績しかありませんでした。ここに大きな可能性を感じた私は、沖縄にコーヒーを入れることを目標にしました。

それまでは月に10ケースくらいしかなかった流通量を増やすわけですから、当然ながら物流費は上がってしまうところですが、コンテナ単位での輸送方法に切り替えたことでクリアしました。

沖縄には競合コーヒーメーカーの支店もあり、いまさら踏み込んでもしょうがないという認識がありましたが、年に2度ほどの商談でコンテナ単位の納品ができるのであれば、アプローチする価値はあります。

そこで駄目もとでアプローチしてみたところ、そもそも沖縄はコンテナ単位の物流が多かったため、「いいですよ」と、すんなりと取引が決まりました。

「物流のコストが高い」「クローズドマーケットだから切り込めない」など、さまざまな懸念点もありましたが、どれもが机上の空論だったのです。

遠くから眺めて「あれは難しいだろう」と言っていても意味がありません。実際に行って、話してみなくては、本当のところはわからないのです。

よい商品、儲けも出る商品なのに、なぜ撤退なのか

もうひとつの印象的な仕事が、あるスペシャリティー・コーヒーショップチェーンとの仕事です。

当時の会社はそのチェーンに出資していたため、定期的に業績報告が上がっていたのですが、その中で、大手飲料メーカーのA社からコラボ商品の話が来ているという報告がありました。

それを聞いた当時の社長が、「それなら、うちでその商品をつくりたい」と提案し

たことが商品開発のきっかけでした。とはいえ、当時の会社は原料メーカーですから、コーヒー豆はつくれても飲料製品をつくるノウハウや経験はありません。

そこで、上司に相談したところ、「つくるほうは知り合いのところに頼めそうだ」ということでした。ところが、いつまでたってもその会社から返事は来ません。

仕方なく話を聞きにいってみたところ、「お請けしようと思っていましたが、やめました。あなたの前職の会社からの圧力があったのです」と言われてしまいました。

すでに発売日が決まっていましたから、そこからはもう大変でした。当時はお盆の真っただ中でしたが、いくつもの製造元に電話をかけてお話しする機会をいただき、急ぎで製造を進めてもらえるように説得していきました。

当初の目標にしていた11月の発売には間に合いませんでしたが、翌年の春に発売し、結果としてこの商品は大当たりしました。

私はこの経験から飲料マーケットの大きさを実感し、これはよいビジネスになるぞと確信して会社に進言しました。

けれども、それは役員から却下されてしまいます。理由はある意味で当然のものでした。

その会社は原料メーカーであり、多くの飲料メーカーに原料を卸しています。自社で商品をつくるということは、そういった取引先と競合することになりますから、営業部から「取引上の影響が出る」と反対の声が上がったということです。

最終的に、その会社は飲料事業から撤退することになりました。しかし、後になって、飲料メーカーの社長さんから「おたくが商品を当ててくれたおかげで、うちの悲願だった高単価商品を実現できました。感謝しています」と言ってもらえるほど、このスペシャリティー・コーヒーショップチェーンの商品の影響力は大きかったのです。


ここにご紹介したような私の仕事のやり方を、当初は周囲も応援してくれましたが、好結果が続くとなぜか反応が変わってきます。

「サラリーマンとして生きていくためには、自身の目から見る会社の発展よりも、周囲と協調することがすべて」

「会社にスーパースターはいらない」

悲しいかな、これが当時勤務していた会社の考え方でした。

私は悔しい思いでいっぱいでした。

「せっかくよい商品をつくれて、お客様にも喜んでいただいて儲けも出たのに、なぜ撤退なのか。本質的ではない要因で頓挫するなんて、なんてつまらないんだろう」

そしてこの経験での忸怩《じくじ》たる思いが、のちの独立につながっていくわけです。

3-10 「面白さ」の追求が、人生に意味をもたらす

応援してくれたのは「社外の仲間」

先ほどお伝えしたように、私はカップ飲料のマーケットに可能性を感じながらも、企業の中にいては、その可能性を掴みにいけないことを実感しました。

そして2006年、私は独立し、現在の会社を創業したのです。

本章でご紹介したように、これまで何度も組織の壁が立ちはだかり、私はそれを乗り越えてきました。いま思い返せば、組織を抜け出して経営者になったことは、いわば当然の流れであったのだと思います。

思えば父も、組織との反りが合わずに独立していました。熊谷家にはそんなDNAが受け継がれているのかもしれません。とはいえ、私は経営を続けながらも散財をやめなかった父の姿を見て、「自分は絶対に商売などしない」と心に決めていたのです。

そんな私が経営者になる道を歩んだいちばんの理由は、ダークスーツを着て、毎日誰でもできる仕事をしているような、代わりのきくビジネスパーソンになりたくなかったためです。

私はそういった存在ではなく、誰から見ても「これは熊谷の仕事だ」とわかってもらえる存在になることを目指していました。

「これをつくったのは私だ」と胸を張って言える商品をつくり、それによって世の中に評価され、人々の記憶に残りたかったのです。

独立と聞くと「たったひとりでビジネスをしていく」とイメージされる方がいるかもしれませんが、これまで私を支え、応援してくれたのは「社外の仲間」でした。

私が独立する前、社内の同僚たちは、これまでにない商品企画や手法を考えて提案する私の姿を見て、「なぜそこまでやるのか」「やれる範囲でやればいいのに」などと冷ややかな視線を浴びせていました。

評価や昇進など「自分のため」に仕事をしている人にとって、余計な苦労をして社内から批判を浴びている私のことが理解できないのは当然だったかもしれません。それに、仲間が成功すればライバルが増えることにもなり、そうして新しいことをする者が職場にいることを望まない人もいたのです。

一方で、社外の人たちの反応は違いました。

私は常に社外の協力会社や取引先の人に向けて、自分が「面白い」と思った商品企画やビジネスのことを熱く語っていました。

社内に理解者がいなかったため、社外の人に話すしかなかったという事情もありましたが、私の話の内容に共感し、私の情熱や度胸に突き動かされた人たちが理解者となり、協力者となってくれたのです。


当社の設立に際しての大恩人がいらっしゃいますので、ここでそのエピソードをご紹介します。

独立当時の私にビジネスのプランはありましたが、資金力も信用もありません。さて、どうしたものかと考えて知人にビジネスプランを話したところ、次のように提案されました。

「うちの会長に会ってほしい。プライベートブランド専門でやってきたけれど、これからナショナルブランドのビジネスに参入したい」

そうして私が出会ったのが、トーアス株式会社の会長をされていた故岡本信英さんでした。

「会社員時代に思い描いたビジネスをやってみたいのです」

私がこう伝えると、岡本会長は私の想いを理解し、応援してくれました。

そして、私が会長にお会いして30分ほどお話ししたところで、会長から「君がやるなら任せる。3年間で結果を出しなさい」「資金を含めて全面的に支援しよう」と、熱意のこもったありがたいお言葉をいただきました。

はじめはその言葉が信じられず、何回か聞き返してしまいました。それくらいに私は驚き、そして会長に深く感謝したのです。


世にいう「捨てる神あれば拾う神あり」、まさにその通りです。

信念をもって物事に当たれば、理解者や協力者が生まれます。

ですから現在、自身の仕事がうまくいっていないとしても、あきらめてしまうのは早すぎるのではないかと思います。自身をとりまく環境が、たまたまそういう人に恵まれなかっただけのことです。

あるいは、自身の地位や立場がもっと上であれば通用したかもしれません。

私が本書で出世をおすすめしているのは、そういった意図からです。


「面白い」仕事を実現したいという情熱は、それを受け止めた人の心を動かします。そして、その情熱は言葉に乗って人から人へと伝え移り、それを伝え聞いた人の心を動かす力さえもっているのです。

「面白い」仕事を実現し、人生そのものが面白くなった

「お客様に喜んでもらえる『面白い』商品をつくりたい」

「それを実現する、『面白い』仕事をしたい」

そんな想いに突き動かされて、思い描いていた人生とは異なった道を歩んできた私ですが、後悔はいっさいありません。

たとえ社内で評価されず、出世や昇進という日の目を浴びるコースを進むことがなかったとしても、お客様からは常に評価をいただいていた自信があるからです。

向き合うべきは、いつだってお客様です。

社内からどのような評価を受けていようと、そんなものに意味はなく、本当の評価は社会から受けるものだと考えて生きてきました。

社会からの評価を得られ、お客様に喜んでいただくことができたら、それは回り回って、必ず自分自身をも潤わせてくれます。愛情と同じで、先に与えるから、相手からも与えてもらえるのです。

それが正しい商売の姿であり、その循環が生まれていない環境にいるのなら、それを受け入れ自らを適応させるのではなく、正しい循環が生まれている環境へと身を移す。

私はそうやって生きてきただけです。

本章でご紹介してきたように、私の人生にはたびたび逆境が訪れました。そしてそれを乗り越える力となったのは「面白い」仕事を実現したいという欲求です。

・お客様に喜んでいただくため、見たことのない「面白い」商品を考える

・その「面白さ」を、誰も考えつかなかった方法で実現させる
・このように主体的に取り組むことによって、仕事で「面白さ」が発揮される

このサイクルを回し続けたことにより、私は自分が社会に存在する意味を感じることができました。そしてこの「面白い」仕事を実現してきたことで、人生そのものまでが面白く感じられるようになりました。

本書のタイトルとなった『面白くなければ仕事じゃない』というメッセージは、私自身の生き方を通して学ばせていただいたことなのです。

第4章

「面白い」を武器にビジネスを成功させる

BUSINESS

4－1 面白くても、美味しくなければ意味がない

ここまで、「面白さ」を大切にした仕事の仕方や、私のこれまでの人生についてお伝えしてきました。

そこにありましたように、お客様に喜んでいただき、自分自身が仕事に熱中するために「面白さ」は欠かせません。

しかし、ただ「面白い」だけで終わってしまってもいけません。

「面白いけれど、わざわざ買おうとは思わないよね」。お客様にそう思われてしまっては、ビジネスは成り立ちません。

当然ですが、ビジネスをする上で利益を出すことは大切です。安定した経営をしているからこそ、安心して「面白さ」を追求できるのだともいえます。

「面白い」を追求しながら、ビジネスとしても成立させていく。これはとても重要なことだと考えています。

そこで第4章では、当社がどのようにして、「面白さ」を武器にビジネスを成功させているのかをお伝えしたいと思います。

確信をもてるものしか発売しない

私が最も重視しているのは、たとえ面白くても、「美味しくないものはつくらない」という姿勢です。

これは飲料メーカーとして当然の姿勢なのですが、話題性や新規性を追い求めているうちに、いつしか忘れがちになってしまうポイントでもあるのです。

そのため当社は、開発工程の中で、特に味のジャッジにこだわっています。

開発部のメンバーで多数決やアンケート調査を行って企画の採否を決める方法もよいとは思いますが、弊社では、開発部がつくった試作品の味を社長である私がすべてチェックし、ＯＫを出せるものでないと発売しません。

もしも社長である私とターゲットの属性が、あまりにかけ離れている場合には、ターゲットに近い人に意見を聞くこともあります。

しかし、最終的に判断するのはいつも私です。なぜなら、会社の代表である私が自信をもって「美味しい」と思えるものでないと、お客様に全力でおすすめすることができないからです。

確信がもてるものしか発売しない。それは販売者、製造者としての責務であると考えています。

しかし、このときに欠かしてはならないと肝に銘じているのは、「〝好きか嫌いか〟ではなく、〝美味しいかどうか〟で判断する」ということです。

味というものには、人それぞれに好みがあります。たとえば私は、ホヤやレバーといった食材が苦手です。けれども、それらが大好きな人もいます。

こういった、個人の好みによって商品を判断してしまうと、結局はひとりよがりな結論になってしまいます。

ですから、たとえ私が「好きではないな」という味でも、「この味が好きな人もいるよな」と想像できるような味であればＯＫを出します。

たとえば過去には、自分が「甘すぎる」と感じた商品でも、「それでも、甘い物好きには好まれるかもしれない」と感じてゴーサインを出したこともあります。ある一定の「美味しさ」の共通基準を満たしていれば、細かい好みについては自由度をもって判断しているのです。

とはいえ、いくら美味しいと感じられる味であっても、安易に流行には乗らないようにしています。流行している商品の多くは、味で選ばれているというよりも話題性で人気になっているため、一過性で終わる可能性が高いからです。

ですから私は流行の味を必ずチェックしますが、後追いはしません。反対に、長く愛されている普遍的な味であるかどうかを重視しています。

このように、商品開発では「面白さ」を追求しつつ、「お客様に美味しいと感じてもらえるか」を考えています。お客様のことをとことん考える、それはビジネスの基本だと思います。

4-2

「ストーリー」のある商品をつくる

その商品には共感できる「ストーリー」があるか

先ほどもお伝えしたように、「面白い」ものを追求しようとしたとき、やってしまいがちなのが「いまウケているもの」に乗ることです。

当社は「流行っている」というだけでは商品化しません。味で愛されていないから一過性で終わる、というだけでなく、もうひとつの理由があります。

それは、お客様から見て、そこに「ストーリー」が感じられないためです。

当社の商品には、その商品のコンセプトや開発の歴史などを聞いて、消費者の皆さんが「なるほど、私たちのことを考えてつくられているな」と納得できるストーリーが込められていることが重要だと考えています。

たとえば近年の飲料市場ではミルクティーが人気で、多くの飲料メーカーがミルクティーに関連する商品を販売しています。

もちろん当社もナショナルブランド、プライベートブランドの両方で発売していますが、そこで当社が特に大切にしているのは、その商品に備わっている物語、つまり最近のマーケティング用語でいうところの「ストーリー」です。

紅茶には栽培、発酵から開発に至るまで、その品種独自の歴史や哲学が備わっています。そこには、お客様が共感し、その商品のファンにならずにいられない「ストーリー」があります。

当社は企画の採否を決める際の基準として、こうした「ストーリー」に共感できるかどうかを、味と同じレベルで重視しているのです。

ご当地のファンを惹きつけた「冷やし飴」

こうしてお客様の共感を得るために、いろいろなことを試しました。当社では以前に「冷やし飴」味の飲料を販売しました。冷やし飴とは、関西人にはある程度認知されている商品ですが、全国的に認知されているものではありません。

当社では江戸の昔から続くその味覚を再現、京都にある老舗の飴屋さんとのコラボレーションで発売しました。

もともと関西はカップ飲料が売れにくい地域でした。そこで何かないかと調べた結果、「ご当地ものはどうだろう」と考えて企画したのがこの商品です。その結果、お客様から「よく考えついた」とご好評をいただきました。

ひやしあめはじめました

確かに商品開発には、「流行っているから、その波に乗った」という事情も必要かもしれません。けれども、企業の都合でできたストーリーに消費者は納得できません。そこには消費者が不在です。

面白くて、共感できるものがよい商品企画です。ただ単に「業界初！」「話題！」だけを狙っていては、きっと誰にも買おうと思ってもらえないでしょう。

4-3 「期待通り」にやろうとしない

「キラキラしたパッケージ」をどう具現化するか

先述の通り、自社で企画を考える商品もある一方で、小売店様側から「こんな飲料を企画してほしい」とオーダーをもらうケースも多くあります。

オーダーを受けたら、当社ではまず研究開発部門が試作品を作成し、味の確認をしたうえで、小売店様に提案します。基本的にはこの流れをとっています。

どんな場合でも美味しいものをつくるのは当然ですが、ときには漠然とした状態でオーダーをもらうこともあります。

小売店様は味や商品開発の専門家ではありませんから、自分たちが求めているものを具体的に言語化できなかったり、伝えきれなかったりするのは当然のことです。

そんなとき、先方の想いを理解して、具体的な商品に落とし込んでいくのが私たち

「キラキラしたパッケージ」の
イメージをもとに開発した
ショコラティエマサール
チョコレートドリンク

の役目です。

たとえば以前、お客様から「キラキラしたパッケージにしたい」というオーダーを受けたことがあります。ですが、「キラキラした」という表現だけではお客様のもつイメージを正確に理解できません。

そこで私は「それはたとえば、ブランド品のような高級感のある輝きですか？」「ネオンのようなギラギラ感のある輝きですか？」と、何かにたとえながらイメージの交換をしました。そうして徐々に商品の輪郭が明確になっていき、最後にお客様と自分たちのイメージがきちんと重なったところで「ショコラティエマサール チョコレートドリンク」の開発をはじめたのです。

もしも抽象的な表現ばかりで意見交換して、なんとなく理解したつもりで制作を進めてしまったら、「まあ、こんな感じかな」などとクライアントの満足度の低い製品になっていたことでしょう。

お客様の言われたことに100%従うのではなく、自分たちの側からそれを超えた

提案をしなければならないのです。こうして豊富な語彙《ごい》や絶妙なたとえでお客様のイメージを具体化していくために、私は日々、雑学で幅広い知識や表現力をアップできるよう心がけています。

いわれたことを、ただやるだけが正解ではない

私はお客様のご要望について、「期待通りに」やろうと考えすぎないことが大切だと考えています。一見すると矛盾するようですが、それが結局、お客様の要望に的確に応えることにつながるのです。

小売店様にいわれたことをただやるだけが正解ではない。こう考えるまでには、ある苦い経験がありました。

あるとき、小売店様にミルクセーキをご提案して採用されました。

先方から開発段階で、試作品に対して「たまご感が弱い」という指摘があったため、当社はいわれたままに、鶏卵を増量してつくり直してOKをもらいました。開発現場レベルでも問題なく、初回製造でも問題なくできあがったのです。

ですが、そうして生まれた商品は製造から3日経つと固まってしまいました。商品

の安定性を十分考慮せず、ただ、いわれたままに進めた結果です。

この経験をもとに当社では、小売店様の意向を十分に反映するつもりでも、安定性や安全性にかかわる部分については絶対に譲ってはいけないと肝に銘じました。

できることを最大限努力する。しかし、できないことはできないと明確に伝える。お客様の期待するイメージを理解しつつ、その期待をプロの技術で超えていく。

小売店様が心から納得して、自信をもって採用していただける「面白い」商品企画を実現するためには、この視点が大切だと考えています。

4-4 「旬」のうちに市場に提供する

スピードこそが優位性を生む

168ページで、ただ「流行しているから」という理由だけで類似の商品を企画することはないとお伝えしました。とはいえ、その「味」が好まれていて、当社がつくることでお客様に喜んでいただけると感じた場合には、当社でも新商品を企画することもあります。

いったん決めれば、当社の強みを最大限に発揮して開発に取り組みます。当社は大手飲料メーカーと比べて、スピード力にかなりの自信をもっているため、そこを強みにしてビジネスを展開するのです。

ビジネスでは、「スピード」こそが優位性を生むのです。

一般的な大手飲料メーカーでは、通常、新商品の企画から販売まで1年ほどの期間をかけています。

企画、成分の検討、味のチェック、タイトル検討、パッケージデザイン検討など、各工程でいくつもの会議を行ったり、組織内の複数の担当者から承認を得たりと、通過するべき課題が多く設定されているためです。

その過程では、企画内容を何人にも説明しなくてはいけなかったり、多くの人からハンコをもらわなければいけなかったりと、手間も多いことでしょう。

それどころか、企画の前段階であるマーケティング調査の段階で、数か月から数年といった期間を費やしている場合もあります。

しかしながら世の常として、人々の価値観は急速に移り変わっていくものです。いざ発売を迎えたころには、企画やマーケティングの時期とは状況が変わってしまい、ニーズがなくなっている場合もあるでしょう。


一方、当社の強みは企画から発売までのスピードが速いことです。企画をスタートしてから最短3か月で商品が店頭に並ぶこともあります。

短期間の開発が実現できる要因として、携わる人員が小人数である点があります。

社員にはお客様の声や社会の反応を分析するよりも、まず生の声のままもってきてもらいます。そして私が即座に判断し、製造やデザインなどの指示も、素早く発信して開発を進行します。

「現場↓管理職（係長↓課長↓部長↓役員）↓経営者」と情報を上げ、それを踏まえた指示を、また「経営者↓管理職（役員↓部長↓課長↓係長）↓現場」の順で降ろしていく。

これは世の中の大手企業によくある仕事の段取りだと思いますが、これでは段取りを進めること自体に時間がかかってしまいます。

さらには伝言ゲームのように、開発スタート時とは異なる形で情報や指示が伝わる恐れもあります。たとえ文面にして伝えるにしても、その報告書や指示書をつくることと自体に、また時間をかけねばなりません。

その点、当社では少数で進行することができますから、開発から販売までのスピード力を発揮するため、無駄な工程や中継をできるだけ省いて、可能な限りシンプルに仕事を進めているのです。

これは私（経営者）と現場という「縦」の関係に限ったことではありません。部署間の「横」のつながりにおいてもシンプルであることを重視しています。

たとえば何かトラブルが起こったとき、部署の違いは関係なく皆で対応し、ただちに解決策を考えます。当然、私もその輪に加わります。

部署内で固まって対応策を検討し、そこから他の部署や役員会議に報告書を上げていては時間の無駄が生じます。原因の追求や再発防止までに時間がかかってしまい、せっかくの学びの機会を活かしきれません。

このようにフットワークの軽いコミュニケーション体制を維持できるよう、私も現場と物理的、精神的に近い距離にいられるよう、常に意識しています。

質と量の創意工夫で商品の「旬」を逃さない

当社独自の組織づくりも、ビジネスの差別化に効力を発揮しています。

たとえば、デザイン部門や研究開発部門を同一の事業所に置いている点は、大手メーカーと異なる当社の工夫といえるでしょう。お互いが密接に連携することにより、スピードが飛躍的に高まっていることを感じます。

特にデザイン部門においては社内に3人のデザイナーがおり、多くの商品デザインを担当しています（一部商品は外部のデザイナーに依頼）。そして、このデザイナーたちがお互いにカバーしあい、良質なデザインをフルスピードで量産してくれるのです。当社のように、社内にデザイナーが3人もいるメーカーは珍しいのではないかと思います。

こうしてデザイン部門で商品の質向上のスピードを高めている一方で、工場発注などの製造部門では商品の量産のスピードも高めています。

当社では、自社工場以外に5社の外部工場と提携していますが、これもまたスピード生産を可能にする要因になっているのです。この「5社」という提携工場の数は、業界でもかなり多いほうだと思います。

工場は自社の生産ラインに空きが出ることを嫌います。その空きがお金を生み出していない時間につながるわけですから当然のことです。そのため工場は、先々の生産の見通しがきちんと立てられるメーカーを中心につき合いたいと考えます。

こうお伝えすれば、1社のメーカーで5つもの工場の生産ラインを押さえることは容易ではない、と感じていただけたのではないでしょうか。

詳しくは次節でお伝えしますが、販売する商品のアイテム数が多いことが、こうした生産体制を可能にしているのです。

組織づくりにおいて、当社はこうした質と量、両面の創意工夫を欠かさず、世の中の人々が「面白い」と感じるものを「旬」のうちに市場に投入できています。

つくり手が「面白い」とひらめいた商品を、「旬」のうちに実現させるスピード力。これは、ビジネスで違いをつくり出す際の大きな要因になると考えています。

4-5

「点より面」をとる販売戦略

「飽きっぽい」日本のマーケット

当社では、ロングセラーに育つ商品もあれば、そうでない商品もあります。すでにご紹介したように、すぐに飽きられることのない美味しさを目指してはいますが、長く売り続けることばかりにこだわっていませんし、また、ヒット商品ばかりを目指しているわけでもありません。

飲料ビジネスで当社が優位性を保つためには、さまざまな「面白さ」をもった商品を数多く世に出して、お店の販売スペースでできるだけ広く展開することが大切だと考えています。

というのも、日本のマーケットは「飽きっぽい」ことで有名で、商品が次々に入れ替わるものだからです。

通常の場合、欧米の飲料製品は同一のものが長期にわたって店頭に置かれます。しかし日本では、特にコンビニの商品の場合など、新しい商品が毎週送り出されるために、限られた店頭スペースは激戦区になります。そのため、たった1週間で店頭から姿を消す商品なども少なくはありません。

この背景には飲料業界の構造的な問題や、販売店であるコンビニ側の思惑もあり、思い切った改革はなかなか難しいのが実情です。

こういった事情では、商品の売れ方にも独特の傾向が生まれます。多くの場合、最初の1週目で大きく上がり、翌週から緩やかに下降をはじめて、1か月も経つとガクンと落ちているのです。要するに、売れるのは最初だけなのです。

現在の日本の飲料市場では、以前のようにロングセラーをつくることがとても難しいと感じています。コンビニの棚を見渡しても、コカ・コーラやポカリスエットなど、ロングセラー商品は数える程度しかありません。

当社ではそうした市場に柔軟に対応し、時間をかけて調査、開発しながらコストや労力をかけてロングセラーを目指すのではなく、商品の発売・衰退のサイクルに合わせて、毎月、新たな商品を複数発売する方針を取っているわけです。

1つのロングセラーで店頭の「点」を長くキープするのではなく、多数の商品を継続的に発売し、当社の複数商品で店頭を「面」でとっていく。そのために、「面白い」ものをスピード力で開発し、たくさん販売する。

これが、当社の販売戦略です。

近年、当社では2022年に98アイテム、2021年に106アイテム、2020年に99アイテムと、毎年100点ほどの安定したペースで新商品を発売しています。これを可能にしているのが、先ほどもお伝えした「シンプルな承認・連絡体制」「デザインや味覚開発の内製化」なのです。

「点より面」の戦略でリスクを低減する

この「点より面」の戦略は、大手メーカーでは対応できない「穴」をうまく突いているのではないかと考えています。スピード生産、多数アイテムの開発は、大手メーカーには取れない戦略なのです。

先ほどお伝えしたように、承認や開発行為に時間がかかってしまう組織体制が、長年の歴史とともに築き上げられてきているからです。規模が大きいからこその、フットワークの重さといえるでしょう。

さらに、大手メーカーが慎重にマーケティング、開発、生産したからといって、必ずしも売れる商品になるとは限りません。運よくヒットしても、それまでにかけた時間やコストをカウントすれば、その費用対効果には疑問符がつきます。

さらには、すぐに他社から類似商品が発売され、市場が飽和状態になり、瞬く間に飽きられていくこともあります。

それならば「点より面」で、たくさんの商品を出して売上拡大の可能性を増やし、大手メーカーに対抗すればよい。私はそう考えているのです。

そしてまた、これは売上のためだけでなく、「面白い」ことに果敢に挑戦するための土台にもなっています。

年間に数点しか新商品を出さないメーカーと、当社のように100点近くも新商品を開発するメーカーでは、当然ですが1商品あたりの〝当たりはずれ〟のリスクは後者のほうが低くなります。

ですから当社は、失敗するリスクを顧みず、「面白い」企画に挑戦する独自のカルチャーを維持できているのです。

「失敗してもいいから、『面白い』ことに挑戦する」

そのマインドを支えてくれているのが、当社のスピード力と開発体制なのです。

もちろん、その場合も味の「クオリティ」にはとことんこだわっていることは、本章の冒頭でお伝えした通りです。

4-6 「面白い」をどう再現していくか

「面白い」の感覚を社員といかに共有するか

「面白い」を軸にした、スピード感のある「点より面」の販売戦略。

先ほどお伝えしたように、それが当社の戦略です。

その戦略を実行するためには「面白い企画」を大量に用意しなくてはなりませんが、それは簡単なことではありません。

現在、当社では私が考える商品企画が全体の多くを占めていますが、それでは自分がいなくなった後、会社はどうなってしまうのか。

当社のビジネスの軸である「面白い」という感覚を、これから自分はいかにして社員と共有していけばいいのか。いま、私はそれを懸念しています。

そこで最近は、私の中にある「面白い」の感覚を社員の皆と共有するため、さまざまな取り組みを行っています。

これまでお伝えしたように「面白い」とは抽象的な概念であり、「面白さ」の基準も人それぞれ異なるために、言葉や文章で伝えることは簡単ではありません。

また私の「面白い」を、再現性をもって共有するための専門部署をつくっても、「面白い企画」が自然にできてくるわけでもありません。

その対策として、私が社員と一緒に仕事の現場に立って、「直接見て、感じて、学んでもらう」ようにしています。

具体的にいえば、小売店様との商談に部下を連れて行って、私がどんなところで何を面白がっているのかを直接見て、感じてもらっています。

さらには、企画やデザインにおけるフィードバックの際にも、担当者のアイデアに対して「こっちのほうが、面白くない?」と私が返すことで、私の中にある「面白さ」を多面的に感じ取ってもらえるようにしています。

私がこうした共有のための行動をしていると、しだいに社員の側にも「面白さ」を追求する心が芽生え、「いつも社長が言っている『面白さ』って、こういうことなんだ!」

と、感覚的にわかってきます。

いわば、これは究極のＯＪＴということになるでしょう。

「面白い」に正解はないが、その感覚は確かに存在する

ただ、ここで気をつけなくてはいけないことがあります。

人によっては「社長に喜んでもらえる商品を考えなくては」などと気を回すことで、主体的に考えることを停止し、思考の方向性を見誤ってしまうのです。

私は確かに、自分の中にある「面白さ」の基準に共感してほしいと考えてはいますが、最も重視すべきはお客様にとっての「面白さ」です。

私からの指摘やダメ出しに「はい、わかりました」と従って、言われたままに改善するだけでは、担当者本人の中にある「面白さ」のセンサーは育ちません。

そのため私は、社内のデザイナーにデザインを発注するときにも、私の「面白さ」を忖度せず、必ずバラバラな方向性で、複数のパターンを提案してもらうようにお願いしています。

なぜなら、自分の中の固定観念や、社長が考える「正解」などにとらわれず、担当

者自身の内面にある「面白さ」を探求してもらいたいからです。

武道や芸術の世界には「守破離」という言葉がありますが、まさにこれです。

・私が共有する「面白さ」の基準を守ってもらう（守）
・徐々に、その枠を破る（破）
・やがて私のアドバイスから離れ、主体的に「面白い」企画を提案する（離）

このように、ひとつずつ「守破離」の階段を上ることで、一人ひとりが本当の意味で「面白い」人材に育ってくれることを願っています。

そして、私がこんな思いでアドバイスを続けていると、私が考える「面白い」を感覚レベルで理解してくれる社員も現れはじめました。

「きっと社長は、こう考えますよね？」

などと、先回りして提案してくれる人もいます。

中には、「面白い」の感性が私の感性と同期して、まったく偶然に、私が読んでいるのと同じ本を読みだした社員もいたほどです。

このように「面白い」感覚に正解はありませんが、それは確かに存在します。伝えることが難しい感覚だからこそ、私はこの「面白い」感覚を安易に言語化したり、マニュアルに落とし込んだりしません。

現場で仕事を共にすることによって、全身で覚えていってほしいのです。

そして、**社員が共通してこの「面白い」感覚をもつことこそが、会社のビジネスを存続させるカギになるのだと思います。**

たとえ時間はかかったとしても、少しずつこの感覚を伝えていこうと思います。

4-7 お客様に「楽しんでほしい」という意識で接する

誰かを「喜ばせたい」と考えること

本章では「面白い」を重視しつつも、あくまでビジネスとして結果を出していくための仕組みや戦略についてお伝えしてきました。

最後に、私が大切に考えている次のことをお伝えします。

それは何かといえば、**「面白い」という概念は、いつも「相手を喜ばせたい」という意識でつくられる**ということです。

これまで何度かお伝えしましたが、「面白い」を考えることは、誰かを「喜ばせたい」と考えることと同じです。

そのため私は社員につねづね、ビジネスではどんなときも「相手を喜ばせたい」という意識で、誠意を尽くして工夫することが大事だと伝えています。

たとえば以前は、正月のご挨拶に持参する「お年賀」の中身にも全力で向き合っていました。

現在はコンプライアンス的に難しいと思いますが、以前には取引先にお年賀として高級シャンパンの「ドンペリ」などを贈っていた時代がありました。最近では「札束に見えるメモ用紙」など、相手が驚いて笑い出し、喜んでいただけるものを贈るように考えています。

今年のお正月には「おでん賀（おでんが）」と称し、自社のカップ商品の「おでん」や「牛すじ煮込み」を贈りました。それも、ただ包装するのでは面白くないからと、わざわざ可愛い風呂敷を取り寄せて、ひとつずつ包みました。

他にも、昔は営業担当者には「取引先と飲みに行くときは、相手のタバコの銘柄を覚えて事前に買っておけ」とアドバイスしていました。相手がタバコを切らしたところですかさず手渡せば、たった数百円の投資にもかかわらず、相手には大きな驚きとともに喜んでもらえます。

また、飲み会などでも「〇〇が美味しいお店なんです」と、相手のことを思ってテーマを決めてお店を選ぶように教えています。

同様にバレンタインデーでも、取引先にお贈りするチョコ選びには本気で取り組むよう社員に伝えています。「気持ちがこもっていないな」と一目でわかる義理チョコなら、贈らないほうがマシだからです。

そのかわり、チョコを買うお金はすべて会社の経費で出します。会社も本気だからこそ、社員も本気で相手のことを考えてほしいのです。

年賀状も同じです。たとえ宛名は印刷したとしても、必ず独自の直筆メッセージを添えるように言っています。

時間やコストがかかっても、お客様に喜んでほしい

このように、何かするときは相手のことを徹底的に考えて「喜ばせよう」「楽しくしよう」という発想で取り組んでほしいと、社員には伝えています。

そういったことを社員に伝えて、実践してもらった効果が表れて、最近は取引先から「御社の対応はどのメーカーよりも早いですね」と喜んでいただけることも増えま

した。

社員が常に相手の立場に立って、「喜んでほしい」と考えて行動してくれた。そして、その姿勢を絶えず忘れなかったからこその結果だと感じています。

この姿勢が自然に身についた人は、商品の企画などでも「どうすればお客さんに喜んでもらえるか」という視点からスタートします。

たとえば以前、ある商品のパッケージデザインの中に隠しイラストを盛り込んだことがあります。これはお客様に「探す楽しみ」を提供したいという、完全なる遊び心で行ったことでした。

また、同じ商品でパッケージイラストの種類が異なるものをつくったこともあります。あるキャラクターとのコラボ商品のパッケージについて、社内で検討していたときのことです。「同じ絵柄より、1本ごとに絵柄が変わったほうが面白いのでは？」という意見が出ました。

ボトルによってキャラクターの表情が違ったり、服装や姿勢が異なったら、「カワイイからもう1本買っちゃおう！」「全種類コンプリートしよう！」と、ファンの購買意欲をくすぐるのではないかと考えたのです。こうして開発したのが第1章で紹介した「ハローキティ カフェオレ」のパッケージのカラーバリエーションです。同一商品の中でピンク、グリーン、オレンジ、パープルの4色を用意しました。

そこには販売戦略面での狙いがあった一方で、根本には、お客様にお好みのカラーを探す楽しみを提供したいという気持ちがありました。

パターンの異なるパッケージをつくるわけですから、当然、時間やコストは余計にかかります。それでも、お客様に喜んでほしかったのです。

絵柄違いの同一商品はいまではよく見られますが、おそらく飲料業界では当社がはじめて実践したアイデアだったかと思います。

結果、これらの商品には多くの口コミが生まれ、話題にもなりました。

仕事においても、人づき合いにおいても、「相手はどう思うか」「どうすれば喜んでもらえるか、楽しんでもらえるか」を考えてきた結果、私の中には自然に「面白い」ことをやりたい、つくりたいという欲求が生まれました。

そして、そういった視点で商品を企画し、つくり、届けたことにより、お客様から

「面白い！」といった感想が生まれたのだと思います。

いってみれば、これは商品を媒介としたコミュニケーションだと思います。つまるところ、私たちの仕事とは多くの人を喜ばせること、これに尽きるのではないでしょうか。

この姿勢を私自らが率先して体現し、社員にも浸透させていくことが、当社がこれからも「面白い」を軸にしてビジネスを続けていくために、最も大切なことだと考えています。

第5章

仕事を面白がれる人になる

PERSONALITY

5－1

「余白」を愛せる人になる

「面白い」仕事や働き方をするためには、私は知識やノウハウを学ぶ以前に、まず「面白い」ことを追求できる人間になる必要があると考えています。

仕事は仕事と割り切って「面白さ」を追求しても、「面白い」仕事はできません。結局、自分の人生をかけて「面白い」人間になることでしか実現できないのです。

第3章で私の生い立ちをお伝えしたように、その生き方や価値観の根底から「人を喜ばせたい」「あっと驚かせたい」と考える人間になってこそ、はじめて「面白さ」を追求できるのではないかと思います。

そこで本章では最後に、「面白さ」を追求できる人とはどういう人なのか、私なりの見解を示したいと思います。

「面白い」仕事をする人は「余白」を大事にしている

何よりの前提として、「面白い」仕事をするには、自分自身がその仕事を「面白い」気持ちで取り組んでいるかどうかが重要になります。

「面倒くさい」「本当はこんなことをやりたくない」「やらざるを得ないから、やっている」といったネガティブな姿勢で仕事に取り組んでいては、「お客様を楽しませよう」という気持ちには到底なれません。

「やらなきゃいけないことばかりで、とてもじゃないが楽しんでる余裕なんてない」こんなふうに、仕事に対して前向きになれない人もいることでしょう。

そんなときはまず、仕事の中に「余白」を探してみるといいと思います。

仕事を楽しめる人は「余白」を大事にしています。余白とはつまり、「工夫できる心の余裕」と言い換えることもできます。

たとえば、営業で訪れた取引先と他愛もない雑談をしてみるのもいいでしょう。雑談には相手の趣味嗜好が表れますから、話をしながら相手の好みを読み取って「どうすれば、この人は喜んでくれるだろう?」と思考を働かせることもできます。するど、「次に会うときに、この話題を振ってみよう」「こんなお土産を用意してみようかな」などと考える心の余地が生まれます。それにより、ただの定常業務としか考えられなかった仕事が、とても面白く思えてきます。

過去の成功例から導き出されたフォーマットをなぞることは、成功への最短距離のように感じられるものです。最短、最低の労力で成果を上げようとする姿勢はときに大切かもしれませんが、それでは、自分自身の工夫の余地がありませんし、仕事に面白みを見出すことも難しいのではないでしょうか。

効率化されたルーティンの中でも、自分が楽しめる余白をぜひ見つけてほしいと思います。

たとえば営業職であれば、相手を口説くための会話マニュアルを必死になって覚えて、それ以外の余計な話にまで気が回らない人がいるかもしれません。

けれども相手は機械ではなく、感情をもった人間です。巧みな会話術を駆使して交渉の核心に踏み込む以前に、それなりの時間をかけて心の交流をはかり、お互いのことを理解し合わなければなりません。

また事務職であれば、目の前の作業の手をいったん止めて、俯瞰《ふかん》して業務の流れを眺める時間を取ってみることをおすすめします。そうして少し視点を変えたり、一見無駄と思われることに興味をもったりする「余白」から、大事な気づきが生まれるのだと思います。

社外の人間との交流も大切です。商品開発や広報に携わっている人なら、ビジネスの交流会などで異業種の会社の社員の考え方を知ったり、実際にサービスの現場に訪れたりして、その「面白さ」を体験することもよい刺激になるでしょう。

効率化で「面白さ」が削られていく

最近の若い世代の方々は「無駄」を嫌い、効率を重視する価値観が広がっているとよく耳にします。

たとえば食事でも、効率よく栄養を摂取できるものが好まれているようです。1日1回、アイスやお菓子といった高エネルギーのものだけを食べて生活している人もいるというから驚きです。

その日に必要な栄養を補給するという目的のためだけならば、それで十分かもしれません。けれども人間は、食事に楽しみを見出すことによって、さまざまな食文化をつくり出してきました。

効率化が進むことにより、自由な時間は増えるかもしれませんが、「面白さ」はどんどん削られてきます。効率だけを求めれば、食事は1日に1回、ただ栄養を吸収するだけの行為として終わってしまうでしょう。

そんな食事が「面白い」「楽しい」ものであるとは、私には思えません。

読書や映画といったエンターテインメントについても同じです。

最近は「タイムパフォーマンス」を重視するあまり、「2倍速で動画を観て筋書きだけ頭に入れる」ことなどが流行っているようです。

しかし、そんなふうに消費するコンテンツは、はたして楽しいでしょうか?

本を読んだり、映画を観たりした後に、自らの頭を働かせてその作品と対話する。そんなふうに時間の「余白」を楽しんでいるうち、「面白い」発想が生まれてくるの

ではないかと思うのです。

仕事もまた同様で、指示された仕事や規格化されたルーティンばかりをこなしていても楽しくないのは当然です。ただマニュアルをなぞるだけの仕事は機械でもできることです。機械のように働いていても「誰かを喜ばせたい」という感情は生まれないでしょう。

仕事の中に「自分で考えてみよう」という余白があるから、そこに「面白さ」や楽しみを見出すことができるのだと思います。

余白を愛せる人こそ、「面白い」仕事ができる人なのだと思います。

5-2

「面白い」人生は、本気の仕事でつくられる

将来を「いまのまま」で乗り切れるのか

必死に頑張っても簡単に給料が上がらない時代になったいま、ビジネスパーソンの中で「仕事はそこそこでいい」「言われたことだけやっていればいい」「生活できる程度のお金があればいい」と考える人が増えていることを感じます。

ワーク・ライフバランスという言葉も定着し、仕事よりもプライベートを重視している人も多いのではないでしょうか。私はこうした思考をすべて否定するつもりはありませんが、少し危機感を覚えているのも事実です。

こうした思考の背景には、多くの人がなんとなく抱いている「安心感」があると思います。「そこそこの給料でも生きていくことはできる」と考えられる安心感です。

しかし、それはあくまで日本の現状として、国が保証してくれている安心感であっ

て、いつまで続くかはわかりません。たとえ現在は安心でも、一寸先は闇ということだって十分にあり得るでしょう。

突如として猛威を振るったコロナウイルスで、人々の生活がこれほどまでに激変すると予想した人はどれだけいたでしょうか。

さらにはロシアによるウクライナ侵攻を目の当たりにして、「まさかこの21世紀に近代国家同士がミサイルを撃ち合うような戦争が起こるなんて」と衝撃を受けた人も多いのではないでしょうか。

現在の社会状況を冷静に感じ取りさえすれば、現状に安心したまま、守りの人生を送っている場合ではないと気づくのではないでしょうか。たとえ「いまのまま」でいいと考えていても、自分ではどうにもならない外的な要因によって否応なしに路頭に迷うこともあり得るのです。

全力で挑戦すれば、失敗しても学びが得られる

2023年初頭、ツイッター社の大量解雇騒動が話題になりました。ツイッター社

を買収したイーロン・マスク氏は、同社の改革にあたって従業員に「激務で働くか、退職するか」を迫ったといいます。

何かを変えようというときに、低いモチベーションのままではうまくいかない。それを彼はわかっていたのでしょう。

これからますます景気が悪化していく時代、「そこそこ」の働きをしている社員を養い続けていく余裕は、多くの日本企業にはないと思います。ツイッター社のように、同様の決断を迫る日本企業が出てこないとは限りません。

会社（仕事）と家庭、どちらに重きを置くのか。

これはどちらも同等に大事なもので、単純に比較するべきものではないように思います。

家庭や家族を大事にしたいから仕事を辞める、所得が下がっても家族との時間を大切にしたい。

これは間違っていないと思います。会社を辞めてでもそうしたいと思うのなら。

しかし、家庭や家族を大事にしたいから、「そこそこ」の発想で、仕事を二の次に考えるということは、間違っているのではないかと思います。

優先順位を常に家庭や家族においているのであれば、その働き方が許される職場に移るべきかと思います。

自身が役割を持っている以上、あなたが休むと誰かが穴を埋めなければなりません。結局、周囲に負担を増やしてしまいます。

その場合、負担をかけたその人たちにも家庭や家族があるかもしれないのです。甘えは良くないですね。

「いまのまま」「そこそこ」でいいというマインドで仕事をしているビジネスパーソンに、明るい未来は訪れないのではないでしょうか。安易に「楽なほう」にばかり流れていれば、何も学びや成長がないまま、いたずらに年月は過ぎ去っていきます。

自分の人生を「面白い」ものにしたければ、とにかく本気で仕事に取り組むことです。ちまたでは「ラクして成功できる」などという無責任なメッセージを見かけることもありますが、仕事で挑戦も失敗もしない気楽な人生を送っていて、成功などできるはずがありません。

成功している人は、どこかのタイミングで必ず頑張った時期があるはずです。挑戦して、失敗して、さらにやり方を考えて挑戦する。こうして本気で仕事に取り組んでいるうちに、いつしか成功のヒントを掴んでいくのです。中途半端に失敗したとしても、そこに学びなどはなく、後には何も残らないのです。

これまでに紹介したように、当社の商品でも失敗といえるものはいくつもあります。常に全力で挑戦し、結果として成功したり、失敗したりしています。全力で挑戦すれば、失敗したとしても、そこから「次はこうしてみよう」という学びを得られます。そうやって一歩一歩、成功を目指しているのです。

5-3

自らの意志で「成長」できる人になる

出世するほど「面白い」仕事に近づいていける

読者の皆さんの中には、「面白い」ことをしたいと思っているけれど、会社から許可が出ないと嘆いている人がいるかもしれません。

私も会社員のときには、そんな経験を何度もしてきました。

そして、そこから私がたどり着いた結論は、「自らが成長して出世すればいい」ということです。

会社員は出世すればするほど個人の裁量が増し、自分のアイデアを実現できるようになります。つまり、「面白く」働くことができるようになるのです。

ですから私は若いころ、自分の置かれた環境に不満を感じてから、出世を目指して働くようにしたのです。

具体的に目指していたポストは部長です。直属の上司であるエリアマネージャーが、部長に頭を下げているのをよく見ていたため、「部長になれば頭を下げずに済むし、自由にやりたいことができる」と考えたのです。

当時の出世のモチベーションとしては、収入を上げたいというよりも、自分らしく働きたいという想いが強かったように思います。部長になれば、自分が考えた「面白い」仕事も潰されることなく実現できそうだと考えていたのです。

結果として、私は会社員時代には部長になれましたし、「面白い」仕事もできました。とはいえ、部長になったらなったで、晴れて自由の身になったというわけではありませんでした。組織ですから部長の上に役員や社長という存在がいることに変わりなく、結果的に独立を選ぶことになりましたが。


こうお伝えすると、「出世しようにも、いまの会社では自分の実力なんて伸ばせない」と嘆く人もいるのではないでしょうか。

出世を目指していた当時、私は憧れの人やお手本となる上司や先輩を見つけて、自分から積極的にかかわるようにしました。声がかかるのをじっと待っているのではなく、自分から行動して、教えを請うことが重要だと考えたのです。

そして、そんなふうに自分からアクションを起こしたことで、相手に意欲が伝わり、憧れの人のマインドや仕事術を吸収することができました。

ときには積極的に教えを求めた結果、稚拙な質問をして「君はそんなこともわからないのか」と叱られてしまったこともありますが、そこからさらに会話が生まれて、学びにつながったりもしました。

最近はパワハラになることを恐れて、上司の側から積極的に部下に教えられない事情もあるようです。それならば、なおさら部下の側から積極的に上司とかかわるべきだと思います。

積極的に質問をしにくる部下や、慕ってくれる部下というのは、上司からすればかわいいものです。上司の方も熱意をもって教えてくれることでしょう。

「主体的に成長できる人」になるために

これからは「主体的に成長できる人」と、「受け身のまま衰退していく人」の二極化がますます進むのではないかと考えています。

それはつまり、「面白い」仕事をして人生そのものを面白くできる人と、それができない人の二極化ともいえます。

主体的に成長して、出世して、自分が考えた「面白い」を実現する。

こういった好循環を自らつくり出していくことが大切です。

一方で、受け身の仕事ばかりをしていれば成長には程遠く、この循環とは正反対の負のスパイラルに入ってしまいかねません。残念ながら、仕事で成長できない人には、できない人なりの仕事しか回ってこないのです。

ですから、「面白い」ことをやらせてもらえないと嘆く前に、いますぐにできることを全力で頑張ろうという前向きな姿勢が大切なのだと思います。

まずは、周りの人に積極的にかかわりましょう。

成功とは周りの人から認められることであり、そのためには積極的に行動し、周囲にアピールすることが大切なのだと思います。

（私は本節で「出世」という言葉を使いましたが、これは周囲から認められ、尊敬された先の出世や昇進であり、利己的な利益追求の出世を意図してはおりません。よりよい仕事をしていくための方法としての出世です。誤解なきように！）

5-4

「困難」に立ち向かえる人になる

仕事のモチベーションは、どのように向上させるか

私はこれまで、本気で仕事に取り組んで、成長や出世を目指すことが大事だと考えてやってきました。

仕事で一定の成果を出すと心の中に余裕が生まれ、他人を楽しませようという気持ちになれる、つまり「面白い」仕事ができるからです。

ですが、現在は不景気ということもあり、仕事に前向きに取り組むモチベーションを抱くことさえ難しい時代と感じます。

恥ずかしながら当社の若い社員にも、少しやってみたたけでダメだとあきらめてしまう人はいます。あきらめずに粘ってみたり、他の方法を探したりせず、すぐに「ダメでした」と報告してくるのです。

これまでお伝えしたように、「面白い」仕事とは困難を乗り越えた先に生まれるものです。なのに、その手前であきらめてしまうなど、もったいないとしかいえません。

たとえ壁に突き当たってもあきらめず、その先にある「面白さ」までたどり着こうともがくためのモチベーションは、どうすれば生まれるのでしょうか。

自分の経験でいうと、意外なことに「いやなことから逃げたい」と思ったことが、モチベーション向上のきっかけになっています。

新卒で入社した会社での営業時代には、配達や店舗回りといった過酷なルーティンをこなすこと、そして上司に頭を下げなければいけないことが、いやで仕方ありませんでした。

先ほどは「『面白い仕事』をするために出世を目指した」とお伝えしましたが、じつはこういったつらい状況から逃げたい思いがあったことも事実です。

偉くなれば上の人から怒られることもないだろう。だから早くここから抜け出したい。そう思っていたのです。

仕事がいやになったら「上」に抜け出す

何についても、その動機自体はネガティブなものでかまわないのです。

重要なのは、そこから「抜け出す」のか、「逃げる」のかの違いだと思います。

イヤな仕事から抜け出すためには「辞めてしまう」という選択肢もあったでしょう。ただ、そこで私は単なる逃げが成長につながることはないと考えました。それではスキルや人脈も得られませんし、その状態で転職を繰り返してもプラスの評価はもらえません。

つらかった営業時代なども、困難に立ち向かわず別の環境に逃げていたとしたら、きっとその先で、新たな地獄にはまっていただけだと思います。逃げ癖がついて、いつまで経っても仕事に前向きに取り組めないまま、年齢だけ重ねていく……。そんなことにもなりかねません。

そこで私は、抜け出すにしても、「上」に抜け出す選択をしようと決めました。

立場や環境に不満があるなら、あきらめて落ちていくのではなく、粘ったり、ほか

の方法を模索したりすることで、いまの状況から向上していくことに挑戦したのです。

そして、そのときはじめて、誰も思いつかなかった「面白い」仕事の道が私の前に見えてきたのです。

仕事では、知力よりも体力がある若いときこそ、いちばんの頑張りどころだと思います。そこで訪れた困難に対して、「逃げる」より「抜け出す」選択をできたことが、「面白い」仕事につながっていったのだと感じています。

5-5 「欲望」をもてる人になる

「ちょっとだけよい世界」を見る経験

先ほど、私の20代における仕事のモチベーションは「出世」にあったとお伝えしましたが、貪欲に仕事に取り組んでいた私の欲望は「出世」にとどまらず、「お金」や「物」や「体験」を獲得することにも積極的でした。

仕事を頑張ることで手に入るすべてに、「欲望」を抱いていたのです。

欲望をもつためには、「ちょっとだけよい世界」を見る経験が必要だと思います。

私は営業時代、上司に連れられて少し高級なお店で飲むことがありました。そのときの感動を心に刻み、私は「自分もあのレベルになりたい」と強く願って仕事を頑張ることができました。

こうした「ちょっとだけよい世界」は、周りの人から与えられるだけのものではありません。仕事が軌道に乗ってくると、私はちょっとだけ背伸びをして、普段の生活に「贅沢」を取り入れていきました。

たとえば、普段は数百円のランチなのに、月に1度は奮発して数万円するディナーコースを楽しんでみたり。さらに、1本数万円もするワインや日本酒をお取り寄せして楽しんでみたり。さらに、素敵なお店で提供される一流の接客を目の当たりにしたことで、自分の仕事のコミュニケーション力にも磨きがかかりました。

こうして私は、美味しい料理やお酒に舌鼓を打っているうち、心身が満たされるだけでなく、食に対する新たな知識も得られ、さらには仕事の質までも向上していったのです。

ひたすらお金を使えばいい、ということではありません。自分にとって意味のあるお金の使い方をして、その感動を心に刻むのです。

少し緊張するぐらいに高いレベルの経験をすることで、「また来たい」「そのためにも、仕事を頑張ろう」と思えるのです。

当時の私の欲望は、こうした「食」の体験ばかりにとどまりません。身の回りのアイテムをグレードアップさせることにも積極的でした。

私も若いときには、いろいろと背伸びをした買い物をしました。たとえば32歳のとき、ハワイ出張の際にルイ・ヴィトンのブリーフケースを買いました。

私にとって記念すべき、はじめての高級ブランド品で、いまでも購入したときの気持ちは記憶に鮮やかに残っています。

当時の私の手取りは28万円にもかかわらず、そのブリーフケースの価格は23万円でした。心持ちとしてはちょっとどころではなく、かなりの背伸びという感じでしたから、一応、妻にも相談してから決断しました。

購入後、私はこのブリーフケースをどこへ行くにももっていきました。使っていると毎日の仕事が楽しくなりましたし、ワンランク上の男にレベルアップしたような高揚感もありました。ときには取引先との雑談で「いいカバンですね」と褒められ、話が弾んだこともあります。

私はこんなふうに、このカバンを長年にわたって大切に使いました。そして、このようなよい品をもっと身の回りに置きたいと思うようになって、仕事をよりいっそう頑張ることができたのです。

真正面から仕事に取り組み、必要なお金を手に入れる

欲望をもつということは、わかりやすい目標をもつということにつながります。

人間、なんらかの欲望をもとに動いているのではないでしょうか？

欲望を「欲求」と解釈するならば、それとの向き合い方は心理学理論「マズローの欲求5段階説」でも取り上げられています。欲求を一つひとつ満たし、段階を上がっていくためには、真正面から仕事に取り組むことが大事なのだと思います。


社会人として生きていくためには労働が欠かせません。

中途半端にやるよりは精いっぱい頑張ってほしい。

知力、体力、気力を総動員して仕事にあたってほしい。

昨今、「ゆとり」というものがたびたび話題に上り、「働き方改革」も叫ばれています。そのこと自体を間違っているという気持ちはありませんが、貨幣経済の世の中、何をするにもお金は必要です。

仕事を「お金を得る手段」と考えるならば、ほどほどではなく、瞬間瞬間、精一杯頑張りましょう。

自身の愛するものを守るためには時間も必要ですが、お金も必要です。

欲望が仕事のエネルギーになる

多くの人は、一度アップさせた生活水準を下げられないものです。23万円のカバンを買ったら、次に買い換えるとき、それよりもっとよい品をもちたいと思います。そのために、もっと仕事を頑張るのです。

単純な話に思えるかもしれませんが、「もっといい生活がしたい」「美味しいものが食べたい」「旅行に行きたい」といった経験は、ポジティブな欲望を喚起してくれます。こうして私が若いころに経験した出来事も、私の人間としての幅を広げてくれましたし、仕事を頑張るためのモチベーションになってくれました。

昨今は節約志向が広がり、むしろ欲望をもたずに、どれだけ慎ましく生きるかが重要という流れになりつつあります。

しかし、等身大の自分に甘んじていれば、いつまでたっても等身大のままですし、現状に不満を感じていれば、それがずっと続くだけです。

現代は欲望をもたない、もちづらい時代だと聞きます。私の場合は、お金や労力をかけて得た経験や達成感が、その心地よさとともに「もう一度、味わいたい」という欲望を喚起してくれました。そしてそれが、仕事を頑張るためのエネルギーになってくれたのです。

ですから読者の皆さんも、食事、旅行、エステといった体験や、カバン、時計、化粧品……。なんでもいいから、たまにでいいから「贅沢」をしてみてください。

そしてその「贅沢」に喜びや楽しさを見つけられたなら、そこから「こうなりたい」という欲望が生まれて、仕事に向かうモチベーションも高まっていくはずです。

5-6 「生きたお金」を稼げる人になる

何のために仕事をするのか

本章では、「面白い」仕事を追求できる人になるために必要なことは、欲望をもって、仕事に積極的に取り組んで、出世して、さらなる成長を目指すことであるとお伝えしてきました。

それらに加えて、最後にお伝えしたいことがあります。「生きたお金」を稼げる人になって、はじめて「面白い」仕事が実現できるということです。

基本的に、仕事とは「誰かのために行うこと」です。

「私はこの仕事が好きだからやっている」

「家族を養うために収入が必要だからやっている」

皆さんそれぞれに事情は異なると思いますが、とにかく仕事とは喜んでくれる誰かがいないことには成立しません。誰かが必要としてくれて、その人が喜んでくれるから、その対価としてお金がもらえます。これこそが「生きたお金」です。

とはいえ、現代はお金を稼ぐ手段が無数にあり、すべてが「生きたお金」というわけではありません。

近年は投資によって稼ぐことも大きく注目されています。NISAやiDeCoなど投資の制度が充実し、国もそれらを活用することを推進しています。

こうして長期的な資産形成のために投資を行うことは、もちろん必要でしょう。ただ、投機的な手法でお金を稼ごうとする姿勢について、私はいかがなものかと感じています。

株式などを売買して得たお金とは、誰の喜びの対価なのでしょうか。

誰かを幸せにすることなく得たお金は「味気ない無機質なお金」といえるのではないかと思います。

加えて、そうして得た無機質なお金を使うことにより、はたして感動が得られるのかどうかも疑わしいものです。

ここで「会社」という存在の原点に立ち返って考えてみると、お金を稼ぐことの本質が見えてきます。

2024年度より発行予定の新1万円札に描かれる渋沢栄一は、日本が株式会社制度をつくる際に、調整役として重要な役割を担ったことで知られています。そして、彼が株式会社制度を広める際に説いたのが「合本《がっぽん》主義」という考え方です。

これは端的にいえば「公益を追求するという使命や目的を達成するために、最も適した人材と資本を集め、事業を推進させるための考え方」ということです。

渋沢栄一はあえて資本主義という言葉を使わずに、合本主義の見地から、株式会社を「公益のための組織」と定義しました。そして、当時の投資家たちも渋沢の考えと同様に、「そのビジネスによって、社会が、暮らしが、日本がもっとよくなるように」という想いで出資していたはずです。

私には、渋沢栄一のこの考え方にこそ、仕事の本来の意義があるように感じられるのです。

手軽に稼ごうと考える人に「面白い」仕事はできない

また、日本には江戸の昔から「三方よし」という考え方が存在します。

近江商人による「売り手と買い手がともに満足し、さらに社会貢献もできるのがよい商売である」というこの経営哲学は、シンプルでわかりやすく、普遍的なものといえるでしょう。

これを私たちのビジネスに当てはめるなら、多くのお客様に利用してもらいたい小売店様、お客様が満足できる商品をつくりたい私たち、そして、美味しい商品を楽しみたい消費者、この三者が納得できる仕事をすることが真の「仕事」であるということになります。

誰かのために創意工夫を凝らし、何かしらの価値をもった物品やサービスを生み出し、その対価となるのが「生きたお金」です。

この「生きたお金」を稼ぐ人になることこそ、ビジネスパーソンが目指すべき本来の目標ではないかと思うのです。

私はその気持ちを忘れて手軽に稼ごうと考える人には、誰かを楽しませる「面白い」仕事はできないと思います。

そして、この気持ちを忘れないためにも、「この仕事は何のために存在しているのか」「誰を喜ばせるために働いているのか」を考え続けています。

「これまでに見たことがない商品で、ワクワクしました！」

「斬新な提案をしてくれて、御社に相談してよかったです！」

私たちは、お客様や小売店様から届けられるこんな声に自信をもらっています。

私たちはきっと、「面白い」仕事ができている。

この自信によって、私たちは、目の前の仕事が面白くてたまらないものになっていくのです。

おわりに

人生の勝者になるために

本書では自分の仕事人生を振り返り、その軌跡や考え方を書いてみました。

タイトルを『面白くなければ仕事じゃない』としていますが、仕事であれ、私生活であれ、何かをする際に「面白み」を見つけることが何よりも重要かと思います。

本文内には記載していませんが、配達の途中、冷房のない車であったため、とても車中は暑く死にそうでした。そんなとき、窓を閉めて得意先に着いて車を降りると、一瞬、涼しい風に当たって生き返ります。

こんなふうに、馬鹿なこと、つらいことに思えても、面白がってやっていくうちに、面白くなることもあるものです。

また最近、よく家で洗車します。このあいだまではスタンドで洗車してもらっていたのですが、自分で洗うことでいい運動になる、また車の状態もよくわかる、はたまた洗車用の洗剤や道具の進化を知り、それが自分の知識にもなる。そうすると、掃除そのものに対する知識も広がっていく。

こんな具合に、目の前の状況をポジティブにとらえてみると、いろいろなことがプラスになります。

たとえばクレームで人と会わなければならないとき、気持ちは億劫《おっくう》になります。けれども、このクレームを通じて誠心誠意、相手に接することによって、新しく良好な関係がつくれるチャンスにもなりえます。

こうして人は何事もポジティブにとらえて行動することによって、人生の勝者になれるのではないでしょうか。

[著者略歴]

熊谷 聡(くまがい・さとし)

1960年生まれ。鳥取県出身。1984年日本大学卒業後、UCC上島珈琲株式会社に新卒入社。その後に社内各部署を経て2002年株式会社ユニカフェ入社。2006年トーヨービバレッジ株式会社を設立、2009年代表取締役社長就任。

コンビニエンスストアをメイン顧客とし、オリジナルカップ飲料の企画開発から製造卸までを手掛ける。小売業のプライベートブランド商品に参入し、現在はすべての小売チャネルに向けて商品供給を行っている。2020年よりカップ入り食品の開発に着手し、食品マーケットにも参入。

面白《おもしろ》くなければ仕事《しごと》じゃない

2023年9月1日　　初版発行

著　者　　熊谷 聡

発行者　　小早川幸一郎

発　行　　株式会社クロスメディア・パブリッシング
〒151-0051 東京都渋谷区千駄ヶ谷4-20-3 東栄神宮外苑ビル
https://www.cm-publishing.co.jp
◎本の内容に関するお問い合わせ先：TEL(03)5413-3140／FAX(03)5413-3141

発　売　　株式会社インプレス
〒101-0051 東京都千代田区神田神保町一丁目105番地
◎乱丁本・落丁本などのお問い合わせ先：FAX(03)6837-5023
service@impress.co.jp
※古書店で購入されたものについてはお取り替えできません

印刷・製本　　株式会社シナノ

　ISBN978-4-295-40864-2　C2030

ノンアルコールカクテルドリンク
ソルティドッグテイスト

チョコミントドリンク

フルーツサーバー
キウイ＆レモン

ハローキティ カフェオレ

貞子ーヒー…

パインアメドリンク

朝ズバッ！ココア

三ツ星カップ食堂
おでん

三ツ星カップ食堂
山形風 芋煮

UchiCafé リモナータ

ひやしあめはじめました

コメダ珈琲店
まろやかミルクコーヒー（豆付き）

町村農場
ミルクココア

桔梗屋
黒蜜きなこラテ

LOHAS club
カフェオレ

ショコラティエマサール
チョコレートドリンク

2023年８月現在、商品総数1,095点！
「面白い」商品開発の挑戦はこれからも続きます！